ANDERSON GOBBI

O LEGADO DO MENTOR

Liderança, propósito e transformação humana através da mentoria

CB080876

Reflexão BUSINESS

Editora Reflexão, 2025 – Todos os direitos reservados.

© Anderson Gobbi

Editora Executiva: **Caroline Diaz**
Capa: **Helena Cristina Marques**
Diagramação e Projeto gráfico: **Estúdio Caverna**
Impressão: **Print Park**

1ª Edição – Agosto/2025

DADOS INTERNACIONAIS DE CATALOGAÇÃO NA PUBLICAÇÃO (CIP)
CÂMARA BRASILEIRA DO LIVRO, SP, BRASIL

GOBBI; Anderson.
O legado do mentor. Liderança, propósito e transformação humana através da mentoria. São Paulo: Editora Reflexão, 2025.

150p. 16x23 cm.
ISBN: 978-65-5619-213-0

1. Liderança 2. Mentoria 3. Propósito I. Título. II. Série.

06-6456 CDD-809

Índices para catálogo sistemático:
1. Mentoria 2. Carreira 3. Título 4. Autor

Editora Reflexão
Rua Almirante Brasil, 685 - Cj. 102 – Mooca – 03162-010 – São Paulo, SP
Fone: (11) 97651-4243
www.editorareflexao.com.br
atendimento@editorareflexao.com.br

Todos os direitos reservados. Nenhuma parte desta obra pode ser reproduzida ou transmitida por quaisquer meios (eletrônico ou mecânico, incluindo fotocópia e gravação) ou arquivada em qualquer sistema ou banco de dados sem permissão escrita da Editora Reflexão.

Para Dona Lia

Um anjo entre nós, que cumpriu com graça e coragem sua missão de servir, amar e cuidar das almas queridas por Deus. Sua vida foi presença, escuta e entrega — a mais pura forma de mentoria. Esta obra é dedicada a você, com gratidão eterna e profunda admiração.

"Conheça todas as teorias, domine todas as técnicas, mas ao tocar uma alma humana, seja apenas outra alma humana." — Carl Jung

Nota ao Leitor

Por que "O Legado do Mentor"?

Este livro nasce do desejo de retribuir. De transformar tudo o que recebi em algo vivo, compartilhado, que possa tocar outras jornadas.

Ao longo do processo de escrita, reflexão e partilha, uma certeza permaneceu constante: mentoria é muito mais do que orientar. Mentorar é inspirar, provocar transformação e deixar um legado — não apenas profissional, mas profundamente humano.

Escolhemos o título *O Legado do Mentor* porque ele traduz com clareza a alma desta obra. Ele fala de uma entrega genuína, de uma liderança que nasce do propósito, da empatia, da escuta e da coragem de compartilhar falhas e acertos com quem está em formação.

Este não é um manual rígido, nem um compêndio teórico sobre mentoria. É uma obra viva — feita de histórias, aprendizados e testemunhos reais de transformação. Um convite para que você, leitor, reflita sobre o impacto que pode causar na vida de outra pessoa — e como, ao fazer isso, também se transforma.

Mentorar é ensinar, mas também é aprender. É servir, mas também crescer. É um caminho de construção mútua. Um compromisso com o outro que, quando assumido com verdade e generosidade, se torna legado.

Seja você um mentor em formação ou alguém que deseja retribuir tudo o que recebeu ao longo da vida, este livro foi feito para você. Que ele te inspire a encontrar — e viver — o seu chamado.

Com gratidão e propósito,

Anderson Gobbi

Sumário

Prefácio

A maioria dos livros surge a partir de teorias baseadas em histórias de sucesso ou de narrativas ficcionais protagonizadas por personagens centrais. Este livro, no entanto, diferencia-se ao ser resultado de anos de experiência prática. As técnicas aqui apresentadas não se tratam de hipóteses, mas sim de procedimentos testados e aplicados continuamente na Atitude Infinita.

Escrever sobre mentoria, Atitude Infinita, ou mesmo sobre o propósito do Anderson Gobbi, como autor dessa obra, é muito fácil. Eu não preciso de muita inspiração para isso. Bastaria eu lhes contar algumas histórias de vidas que foram alteradas (para melhor) depois do contato com mentorias. Mas não quero seguir o tradicional, quero lhes falar com o coração... e nada melhor do que começar mostrando um pouco do que está no DNA do coração do Gobbi.

Em 2020, diante da pandemia da covid-19, houve a necessidade de reestruturar as atividades da Atitude Infinita, tradicionalmente realizadas de forma presencial em instituições de ensino. A criação e implementação de uma nova metodologia de mentoria passou a integrar discussões regulares da equipe diretiva, especialmente quanto aos benefícios de proporcionar aos jovens mentorados – majoritariamente estudantes sem experiência profissional – oportunidades de aprendizado com profissionais de diferentes setores.

Em uma das reuniões do conselho da Atitude Infinita, Gobbi pediu a palavra e nos mostrou seu ponto de vista: "É um privilégio maior pro mentor do que pro mentorado!'. Desde que ouvi essa afirmação, nunca mais a esqueci e já a propaguei dezenas de vezes. Para qualquer pessoa que tenha experiência em sua carreira é um enorme privilégio ter um mentorado ao redor dos vinte anos de idade que lhe escute, dê atenção e lhe abra o coração sobre suas expectativas de futuro.

O papel do mentor é fazer seu mentorado sonhar. Mas, também precisa ajudá-los a traduzir esses sonhos em metas, estruturar um plano e, principalmente, desenvolver habilidades para colocá-los em ação, pois são as atitudes que separam os sonhos dos sucessos. Esse livro já nasce fadado ao sucesso pois saiu da cabeça de um eterno sonhador, com um coração enorme e um propósito gigante de ajudar pessoas.

Desejo a você uma otima leitura e, acima de tudo, que coloque em prática as lições aprendidas. Mentore pessoas, isso traz uma realização enorme, não apenas para sua carreira, mas para sua vida. Os dois maiores sentimentos que uma pessoa pode sentir em relação as outras são reconhecimento e gratidão. Sou eternamente grato ao Anderson Gobbi por estar por perto da Atitude Infinita (e da minha vida) e espero que livro seja um grande vetor para incentivar novos mentores a seguirem nosso legado de transformar vidas e empoderar pessoas.

Glauter Jannuzzi (fundador da Atitude Infinita)

Atitude Infinita: Onde a Mentoria Ganha Vida

A **Atitude Infinita** nasceu de um chamado simples, mas poderoso: **conectar pessoas com propósito para transformar realidades**. Fundada pelo meu grande amigo e parceiro de missão, **Glauter Jannuzzi**, a organização cresceu a partir de um princípio essencial — *mentoria é ponte entre potencial e realização.*

Desde os primeiros encontros, tivemos a honra de acompanhar vidas sendo tocadas, sonhos sendo acesos e ciclos de exclusão sendo quebrados. O que começou como uma iniciativa voluntária tornou-se uma das comunidades de mentoria mais respeitadas do país.

- +180 jovens mentorados
- +90 mentores voluntários
- 100% dos encontros com foco em escuta ativa, empatia e plano de ação
- Alta taxa de conversão em oportunidades reais (emprego, cursos, bolsas, promoções)

A cultura da Atitude Infinita é única. Muitos dos nossos mentores foram mentorados ontem — e hoje devolvem ao mundo o bem que receberam. Nossos jovens vêm de diferentes contextos, muitos em situação de vulnerabilidade, e carregam o brilho da esperança, da coragem e da vontade de crescer.

Cada história é única. Cada transformação, um lembrete de que estamos no caminho certo.

Somos movidos por relações humanas genuínas, presença intencional e pela crença de que **todos têm um talento que merece ser descoberto e nutrido**.

Se você chegou até aqui neste livro, é porque sente — assim como nós — que **mentorar é um privilégio**.

Junte-se à Atitude Infinita.

Seja ponte. Seja presença. Seja transformação.

www.atitudeinfinita.org

contato@atitudeinfinita.org

Instagram: @atitudeinfinita

Parte 1 – O Chamado do Mentor

"Conhecer o Anderson foi um divisor de águas na minha carreira e na minha vida pessoal. Ele tem sido um mentor fantástico, abrindo portas no mundo dos negócios e, ao mesmo tempo, me ajudando a desenvolver habilidades essenciais para evoluir como pessoa. Com ele, aprendi a importância de construir relacionamentos baseados em confiança e respeito, e o poder da empatia para impactar positivamente a vida de outras pessoas."

– Milton Nucci, Service Management Lead, Microsoft – Londres, UK

Atender ao chamado para ser mentor é mais do que assumir uma função — é acolher uma vocação. Significa reconhecer, com humildade e propósito, o valor de guiar, apoiar e inspirar o crescimento de outras pessoas. Mentorar é um gesto de entrega: envolve paixão por desenvolver talentos, compartilhar experiências de vida e provocar transformações duradouras.

Antes de trilhar esse caminho, é essencial compreender o que diferencia o papel do mentor de outras formas de orientação, como o coach ou o tutor. Também é inspirador revisitar grandes mentores da história e refletir sobre a nossa própria jornada e vocação.

Foi desse chamado que nasceu a Atitude Infinita, uma comunidade vibrante fundada por meu grande amigo Glauter Jannuzzi, com quem tive a honra de acompanhar o nascimento e o crescimento dessa organização tão transformadora. Ao longo desta obra, você encontrará diversas histórias, lições e práticas que nasceram justamente da vivência dentro da Atitude Infinita, onde a mentoria é praticada com intencionalidade, afeto e propósito. Por isso, mencioná-la desde o início é reconhecer a fonte viva de inspiração e aprendizado que ajudou a moldar grande parte do conteúdo deste livro.

Acreditamos que a mentoria é uma ponte entre o potencial e a realização. E hoje, são centenas de jovens impactados por mentores que responderam com coragem, generosidade e um profundo senso de compromisso com o outro.

Quem é o Mentor?

Entre as habilidades técnicas e as habilidades humanas, há um papel singular e transformador: o do mentor. O mentor é alguém que já percorreu caminhos de aprendizado, enfrentou desafios, acumulou experiências, e que agora escolhe partilhar essa bagagem com generosidade. Não é apenas um instrutor ou conselheiro. Tampouco se limita às ferramentas de um coach. O mentor é um parceiro de jornada, alguém que se envolve com o propósito do outro e oferece escuta, orientação e presença, contribuindo para que o mentorado avance com mais clareza, confiança e autonomia.

Mentorar é, acima de tudo, um ato de servir. Ao longo da vida, muitas vezes seguimos em frente superando metas e obstáculos, olhando sempre para o próximo desafio. Mas chega um momento em que, ao invés de apenas mirar o futuro, passamos a olhar ao redor — e, às vezes, para trás. Nesse instante de consciência e maturidade, percebemos o poder de nossa própria trajetória e o quanto ela pode inspirar e fortalecer outras pessoas. Esse é o verdadeiro chamado do mentor.

Assumir o papel de mentor é reconhecer que a jornada da mentoria transforma a ambos: ao orientar, também somos transformados. A cada conversa, aprendemos mais sobre nós mesmos. A cada desafio compartilhado, exercitamos a empatia. E a cada passo dado pelo mentorado, sentimos a satisfação de ver o impacto positivo de nossa contribuição. O mentor não busca retorno material, sua maior recompensa é testemunhar o progresso, a superação e o florescimento de quem acompanha.

Na prática, ser mentor exige mais do que conhecimento técnico. É preciso cultivar intencionalidade, paciência, escuta ativa e, sobretudo, empatia. Um bom mentor sabe que nem sempre terá todas as respostas, mas terá disposição para caminhar junto, abrir portas, indicar caminhos e conectar pessoas. Muitas vezes, o maior presente que o mentor oferece é a sua rede de relacionamentos, sua experiência com o erro e o acerto, e sua habilidade de provocar reflexões profundas sem oferecer fórmulas prontas.

O papel do mentor na vida do mentorado é multifacetado: ele acelera aprendizados, oferece suporte emocional, estimula o senso crítico e fortalece a autoestima. Mas seu impacto vai além do indivíduo. Ao formar pessoas mais conscientes e confiantes, o mentor contribui para uma sociedade mais capacitada, ética e resiliente. Por isso, a mentoria é também uma forma de retribuir — de devolver à comunidade o que um dia recebemos de outros mentores.

Ao longo de mais de duas décadas como mentorado e mentor, aprendi uma das lições mais valiosas da vida: a melhor forma de crescer é ajudar o outro a crescer. A melhor forma de aprender é ensinar. A mentoria é isso: uma troca humana e generosa que transforma não só o mentorado, mas também o mentor. É um privilégio fazer parte da jornada de alguém e deixar, com afeto e responsabilidade, um legado que inspira sonhos e concretiza caminhos.

> "Mentoria é um presente que damos ao outro — e, sem perceber, recebemos de volta em dobro."

Mentor, Coach, Tutor e Líder Técnico: Entendendo os Papéis

Embora todos esses papéis envolvam orientar e desenvolver outras pessoas, cada um possui foco e abordagens distintas. Abaixo, comparamos as características de **mentor**, **coach**, **tutor** e **líder técnico**:

- **Mentor:** Profissional experiente que *apadrinha* e orienta alguém menos experiente (mentorado), oferecendo conselhos de carreira e desenvolvimento pessoal de forma holística e no longo prazo. A relação de mentoria é mais informal e baseada na confiança, com o mentor compartilhando sabedoria adquirida pela vivência para impulsionar o crescimento do mentorado. Importante notar que a mentoria não depende de hierarquia organizacional – trata-se de uma parceria focada em aprendizado e evolução contínua.
- **Coach:** Profissional treinado em metodologia estruturada para melhoria de desempenho. O coaching é orientado a metas claras de curto ou médio prazo e foca em mudanças de comportamentos específicos. O coach atua como um facilitador, fazendo perguntas poderosas e fornecendo feedback para ajudar o coachee a encontrar suas próprias soluções. Diferentemente do mentor, o coach não precisa ter experiência prévia na área do cliente – seu papel é conduzir o processo, encorajando autonomia e autoconhecimento.
- **Tutor:** Orientador educacional que oferece suporte específico em determinada área de conhecimento, geralmente no contexto acadêmico. O tutor ensina conteúdo e habilidades pontuais, acompanhando o aprendizado do aluno e dando feedback para melhorar o desempenho em uma disciplina ou tema específico. Em suma, *tutoria* é um processo de ensino focado em transmitir conhecimento e esclarecer dúvidas em uma matéria, com objetivo mais limitado que a mentoria, que abrange desenvolvimento pessoal mais amplo.
- **Líder Técnico:** Profissional que exerce liderança em equipes principalmente pelo conhecimento profundo em uma área técnica (TI, engenharia, etc.). Sua autoridade deriva da competência técnica e experiência prática, mais do que de habilidades gerenciais ou interpessoais. O líder técnico orienta o time na execução de tarefas complexas e na resolução de problemas, servindo de referência técnica e inspirando respeito pelo exemplo. Contudo, para ter sucesso completo, ele precisa equilibrar sua expertise com habilidades de comunicação e gestão de pessoas, pois pode encontrar desafios ao lidar com conflitos ou motivação de equipe apenas com abordagem técnica. Em muitos casos, líderes técnicos também acabam atuando como mentores dentro de suas equipes, ao treinar e desenvolver profissionais mais jovens.

Resumo: De modo geral, mentores e coaches focam no desenvolvimento de pessoas, mas o mentor compartilha experiências de vida e estabelece vínculo de longo prazo, enquanto o coach aplica técnicas para atingir objetivos de curto prazo. Tutores concentram-se em conteúdo educacional específico, e líderes técnicos lideram pelo conhecimento especializado. Cada papel tem seu valor – compreender essas diferenças ajuda o futuro mentor a definir como deseja atuar e em que aspectos pode se aprimorar.

Citações e Insights de Grandes Mentores

Grandes líderes e educadores deixaram lições valiosas sobre orientar e inspirar outras pessoas. Suas palavras podem iluminar nosso entendimento do papel de mentor. Vejamos alguns insights de **Nelson Mandela** e **Paulo Freire**, exemplos emblemáticos de mentoria e liderança servidora:

- **Nelson Mandela:** *"O que conta na vida não é o simples fato de termos vivido. É essa diferença que fizemos na vida dos outros que determinará o significado da vida que levamos."*. Essa frase, dita por Mandela, destaca que o valor de nossas vidas está no impacto positivo que causamos nas vidas alheias. Para um mentor, essa é uma poderosa mensagem – mentorar é, essencialmente, buscar fazer a diferença na trajetória de alguém. Assim como Mandela liderou pelo exemplo e deixou um legado transformador, um mentor realiza seu propósito ao ver seus mentorados crescerem e multiplicarem esse impacto para outras pessoas.
- **Paulo Freire:** *"Ensinar não é transferir conhecimento, mas criar as possibilidades para a sua própria produção ou a sua construção."*. Nesta célebre citação, Freire – renomado educador brasileiro e **mentor** de uma pedagogia libertadora – nos lembra que o verdadeiro aprendizado surge quando encorajamos o outro a pensar por si, construindo seu próprio saber. Para quem abraça o chamado de mentor, esse insight é fundamental: o mentor não "despeja" respostas prontas no mentorado; ao contrário, ele estimula reflexões, desafia perspectivas e dá suporte para que o próprio mentorado desenvolva soluções. Freire ensinou que a educação é um ato de amor e autonomia, valores que também definem a relação mentor-mentorado. Um mentor inspirado por essa visão vai procurar **empoderar** seu mentorado, em vez de torná-lo dependente.

Essas citações servem como norte para quem deseja mentorar. Mandela nos inspira a servir e deixar um legado através dos outros; Freire nos ensina a metodologia do respeito à autonomia do aprendiz. Ambos reforçam que mentoria é, acima de tudo, um compromisso generoso de **transformar vidas** – inclusive a do próprio mentor, que cresce ao ajudar o outro a evoluir.

Reflexão Pessoal: Como Surgiu o Meu Chamado?

Cada mentor tem uma história única sobre como descobriu sua vocação para orientar pessoas. É um momento de *insight* em que percebe que ajudar os outros a se desenvolver lhe traz satisfação e sentido de propósito. No meu caso, lembro nitidamente de quando esse chamado se revelou.

Trabalhava como líder de projeto em uma empresa de tecnologia quando notei que os colegas mais jovens frequentemente vinham até mim em busca de conselhos – desde dúvidas técnicas até orientação sobre carreira. Inicialmente, eu apenas gostava de ajudar informalmente. Mas conforme via aqueles profissionais prosperarem com pequenos incentivos e dicas que eu dava, algo mudou dentro de mim. A alegria genuína de assistir ao crescimento deles, de celebrar suas conquistas como se fossem minhas, fez-me perceber que *formar pessoas* era mais do que uma tarefa do cargo – era uma paixão pessoal.

Nesse período, também me ocorreu a lembrança dos mentores que fizeram diferença na minha própria jornada. Pensei nos professores e gestores que, em momentos-chave, investiram tempo para me ouvir e me orientar. Percebi que eu desejava retribuir aquele investimento humano. Assim, o papel de mentor deixou de ser algo acidental e passou a ser intencional na minha vida profissional. Passei a estudar sobre mentoria, coaching e educação, procurando me aprimorar para responder a esse chamado com responsabilidade.

Essa reflexão pessoal é importante: compreender **por que** queremos ser mentores nos dá clareza de propósito. No meu caso, surgiu de um alinhamento entre minhas habilidades (experiência técnica e facilidade de comunicação) e um senso de responsabilidade social – a vontade de *devolver* ao próximo o que recebi de outros. O chamado do mentor pode nascer de diferentes formas: alguns o descobrem ao superar desafios e querer guiar outros pelo mesmo caminho; outros percebem quando alguém espontaneamente os chama de "mentor" pela primeira vez. Seja qual for a origem, ouvir esse chamado é o primeiro passo para se tornar um mentor de verdade.

E você? Já parou para pensar em como surgiu (ou está surgindo) o seu chamado para mentorar? Reconhecer esse momento ajuda a consolidar sua identidade como mentor. Reflita sobre quais experiências despertaram em você o desejo de ensinar, orientar e inspirar outras pessoas – é um exercício valioso de autoconhecimento na jornada de liderança pelo exemplo.

Exercício Prático + Call to Action + Kit do Mentor

Coloque em Ação o Seu Chamado de Mentor

Você já refletiu sobre sua trajetória, suas motivações e o impacto que deseja causar. Agora é hora de transformar essa intenção em prática.

Pegue papel e caneta — ou acesse o material interativo "**Descobrindo seu Perfil de Mentorado**" no Kit do Mentor — e responda com sinceridade:

- **Quem** você gostaria de mentorar?
- **Por que** essa pessoa desperta seu desejo de apoiar?
- **Como** você pode ajudá-la com suas experiências e conhecimentos?
- **Quais benefícios mútuos** essa mentoria pode trazer?

Para aprofundar ainda mais essa reflexão, o Kit do Mentor oferece ferramentas complementares que enriquecem sua jornada:

- **Mini-Teste de Estilos de Mentoria** – Descubra seu estilo natural ao orientar outras pessoas.
- **Planilha de Experiências Significativas** – Mapeie os momentos da sua trajetória que revelam sua vocação como mentor.

Acesse gratuitamente todas as ferramentas em:
www.atitudeinfinita.org/kitdomentor

Resumo da Parte 1 – O Chamado do Mentor

Ponto-chave:

A mentoria começa com um chamado pessoal: o desejo genuíno de contribuir com o crescimento de alguém.

O que você aprendeu:

- A diferença entre mentor, coach, tutor e líder técnico.
- Que o papel do mentor é mais humano e experiencial do que técnico.
- Que grandes mentores reconhecem o momento do chamado e agem com intenção.

Como aplicar na prática:

- Compartilhe com um amigo ou colega por que você quer ser mentor.
- Agende 30 minutos para refletir sobre sua trajetória e o que você pode ensinar.
- Escreva 3 nomes de pessoas que você sente vontade de orientar.

Erros comuns a evitar:

- Confundir mentoria com "ensinar o que sabe" sem escuta ativa.
- Assumir o papel de "salvador" do mentorado.

- Acreditar que é preciso estar "pronto" para começar a mentorar.

Desafio para você:

Escolha uma pessoa que você admira ou quer ajudar e convide para uma conversa informal. Pode ser o começo de uma mentoria.

Ferramentas Recomendadas do Kit do Mentor – Parte 1

Para aplicar os aprendizados desta parte de forma prática, acesse o Kit do Mentor e utilize os seguintes materiais sugeridos:

Ferramenta	Finalidade
Mini-Teste de Estilos de Mentoria	Identifique seu estilo natural ao atuar como mentor.
Planilha de Experiências Significativas	Reflita sobre momentos marcantes que despertaram seu chamado para mentorar.
Descobrindo seu Perfil de Mentorado (PDF interativo)	Estruture sua primeira experiência como mentor com clareza.

Todas as ferramentas estão disponíveis gratuitamente em:
www.atitudeinfinita.org/kitdomentor

Parte 2 – Por Que Ser Mentor?

"Desde o primeiro dia em que trabalhei com o Anderson, aprendi algo positivo. Em cada conversa, havia uma lição valiosa. Lealdade, respeito e paixão são valores que ele me ensinou com atitudes. Além de mentor, tornou-se um verdadeiro amigo, sempre presente nos momentos decisivos da minha carreira."

– Paulo de Oliveira Junior, Senior Program Manager, Microsoft – Redmond, US

Ser mentor é mais do que compartilhar conhecimento – é embarcar numa jornada de crescimento mútuo, propósito e legado. Diversos estudos mostram que a mentoria beneficia profundamente tanto o mentor quanto o mentorado em várias dimensões da vida. Mentores relatam níveis maiores de satisfação pessoal e até melhora em indicadores de saúde mental. De fato, a relação de mentoria cria uma **troca poderosa** em que *"o mentor encontra um propósito renovado enquanto o mentorado recebe orientação valiosa"*. Em outras palavras, ao ajudar alguém a se desenvolver, o mentor enriquece a própria vida com novas perspectivas, aprendizagens e um sentido revitalizado de propósito.

Benefícios da Mentoria: Crescimento para Mentor e Mentorado

Desde o início, é essencial compreender que a mentoria é um processo de troca: mentor e mentorado aprendem e crescem juntos. O mentorado recebe benefícios pessoais e profissionais, e o mentor também é beneficiado: ele ganha satisfação pessoal, novas oportunidades de desenvolvimento e expansão de sua rede de relacionamentos. Ao apoiar o mentorado, o mentor experimenta diversas recompensas intangíveis. Por exemplo, ele sente realização ao ver o crescimento do outro, tem sua autoestima fortalecida ao perceber os resultados positivos de seu apoio e até desenvolve sua própria capacidade de liderança e comunicação ao orientar efetivamente alguém mais jovem. Pesquisas consistentes indicam que mentores tendem a reportar maior satisfação com a vida e bem-estar emocional. Compartilhar sua sabedoria e experiência foi associado a melhorias de autoestima e até em saúde mental, segundo estudos recentes.

Do ponto de vista prático, mentores também aprimoram habilidades valiosas. Ao ensinar e aconselhar, eles reforçam seus próprios conhecimentos e desenvolvem empatia e paciência. Não é surpresa que muitos líderes digam que nada ajuda a aprender melhor do que ensinar outra pessoa.

Além disso, o ato de mentorar fortalece competências de liderança: o mentor aprende a trazer à tona o melhor nos outros, a dar feedback construtivo e a inspirar pelo exemplo. Essas habilidades são transferidas para todas as áreas da vida e da carreira do mentor.

Para o mentorado, os ganhos também são significativos. Quem recebe mentoria conta com orientação personalizada, acelera seu aprendizado evitando erros comuns e expande sua rede de contatos e oportunidades profissionais. Estudos mostram que jovens mentorados têm mais confiança para enfrentar desafios e desenvolvem competências sociais e de carreira com mais rapidez do que teriam sozinhos. Em suma, a mentoria promove crescimento mútuo: enquanto o mentorado evolui em direção aos seus objetivos, o mentor aprofunda seu próprio autoconhecimento e senso de realização.

Vale ressaltar que ser mentor atende a anseios humanos profundos. Muitos mentores descobrem que, ao investir no sucesso de outra pessoa, encontram um renovado senso de propósito e significado para si. Cada vez que compartilha experiências com um mentee, o mentor reconhece o valor da própria trajetória e dá um novo significado às lições que aprendeu ao longo da vida. Não é exagero dizer que mentorar reacende a paixão pela própria jornada e traz uma sensação de *"estou fazendo a diferença"* – sentimento esse que alimenta a autoestima e a motivação do mentor.

Resumo visual: A tabela a seguir sintetiza os principais benefícios discutidos acima, reforçando a ideia de que a mentoria transforma tanto quem orienta quanto quem é orientado.

Tabela 2 – Benefícios da Mentoria para Mentor e Mentorado

Comparativo prático que mostra como a mentoria gera valor mútuo, promovendo desenvolvimento, propósito e transformação para ambas as partes envolvidas.

Benefícios para o Mentor	**Benefícios para o Mentorado**
Desenvolvimento de empatia e escuta ativa	Acesso a orientação personalizada
Ampliação do repertório pessoal e professional	Crescimento pessoal e profissional
Sentido de propósito e legado	Clareza de caminhos e tomada de decisões

Propósito e Significado: Lições de Grandes Pensadores

Mais do que vantagens tangíveis, ser mentor conecta você a um propósito maior. **Viktor Frankl**, em sua busca pelo sentido da vida, ensinou que felicidade e sucesso não devem ser perseguidos diretamente; eles surgem como efeito colateral quando nos dedicamos a uma causa maior que nós mesmos. Ou seja, ao focar em contribuir para a vida de outra pessoa, acabamos encontrando realização pessoal de forma natural. Aplicado à mentoria, isso significa que ao orientar e apoiar um mentorado – sem buscar nada em troca além do sucesso dele – o mentor experimenta uma sensação profunda de significado e satisfação que dificilmente seria alcançada de outra forma. Como Frankl destacou, dedicar-se a algo além de si é o que traz realização verdadeira; ao ser mentor, a pessoa vive exatamente isso na prática.

Outro pensador contemporâneo, **Simon Sinek**, reforça a importância do propósito nas relações de liderança. Ele defende que grandes líderes inspiram agindo a partir de um "porquê" claro – um propósito que dá sentido a suas ações. Sinek frequentemente diz que *"líderes não se preocupam em primeiro lugar com resultados, mas sim com as pessoas; e pessoas cuidadas geram resultados"*. Em outras palavras, quando um líder, ou mentor, cuida genuinamente do desenvolvimento do outro, os bons resultados acabam surgindo naturalmente como consequência. Para Sinek, um verdadeiro líder (e podemos estender ao mentor) é aquele que sabe o que o motiva, que tem uma crença ou causa tão profunda que atrai outras pessoas a compartilharem dela. Esse tipo de clareza de propósito é contagiante e inspiradora. No contexto da mentoria, quando você está consciente do *porquê* quer mentorar – seja porque acredita no potencial humano, quer retribuir à sociedade ou ama ver pessoas crescerem – essa paixão transparece e inspira seu mentorado a também dar o melhor de si.

A psicóloga **Angela Duckworth**, conhecida por seus estudos sobre "garra" (grit), também oferece insights valiosos. Duckworth define **propósito** essencialmente como a convicção de que *aquilo que fazemos importa para alguém além de nós mesmos*. Ou seja, sentir que seu trabalho ou esforço tem impacto positivo na vida de outros. Essa visão se encaixa perfeitamente na mentoria: ao orientar alguém, o mentor percebe de forma concreta que suas ações importam e fazem diferença para além de si próprio. Além disso, Duckworth descobriu que o sucesso a longo prazo não depende só de talento, mas da **combinação de paixão e perseverança** em torno de um objetivo significativo – aquilo que ela chama de "garra". Ser mentor exige exatamente essa união de **paixão e perseverança**. É a paixão por desenvolver pessoas e vê-las superar desafios, aliada à perseverança em acompanhar de perto o progresso do mentorado ao longo do tempo. Mentores eficazes são movidos por um genuíno entusiasmo pelo crescimento alheio e mantêm o compromisso mesmo diante de dificuldades – qualidades que refletem a *garra* de que Duckworth fala. Desse modo, a atividade de mentorar não é apenas um ato pontual de auxílio, mas um **chamado que envolve propósito, paixão e resiliência**. Ao perseguir esse chamado, o mentor frequentemente encontra um sentido de missão pessoal, vendo no sucesso do outro uma extensão do seu próprio legado.

Na Atitude Infinita, esse sentimento de legado se manifesta de forma viva e constante. Muitos dos mentores que hoje orientam com generosidade começaram sua jornada como mentorados. Ao transformarem suas próprias vidas, sentem o chamado de retribuir, e tornam-se multiplicadores de impacto. Essa cultura de retribuição cria uma corrente poderosa, onde cada conquista inspira outra. Ao apoiar o crescimento do próximo, esses mentores experimentam, na prática, o poder do propósito e a alegria de servir.

Histórias Inspiradoras de Mentores

Teorias e dados se confirmam em histórias reais de pessoas que descobriram profundo significado ao atuar como mentores. Muitos mentores relatam que aprenderam e se transformaram tanto quanto, ou até mais que, seus mentorados. Um exemplo célebre vem do mundo dos negócios: **Bill Campbell**, conhecido como "*O Coach do Vale do Silício*", construiu sua reputação não por produtos que criou ou cargos que ocupou, mas pelo legado de líderes que ele ajudou a formar. Campbell orientou gigantes da tecnologia como **Steve Jobs** (Apple) e **Larry Page** (Google), sempre enfatizando que o verdadeiro êxito de um líder está em conectar-se com as pessoas, inspirar grandeza nelas e deixar uma marca além dos resultados financeiros. Seu impacto como mentor foi tão profundo que, mesmo após sua partida, *"seu legado perdura nos líderes que ele mentorou e na inspiração que ele acendeu"*. Em outras palavras, Bill Campbell encontrou na mentoria o seu propósito de vida, ele descobriu que ajudar outros a liberar todo o potencial era a forma mais duradoura de sucesso. A história dele nos mostra que ser mentor é uma maneira de multiplicar seu impacto: aquilo que você ensina e o exemplo que você dá continuam ecoando através das realizações das pessoas que você orientou.

Em outra esfera, profissionais aposentados frequentemente encontram na mentoria um novo sentido para suas vidas. Imagine alguém que dedicou décadas a uma carreira e, ao se aposentar, busca uma forma de se sentir útil e conectado. Muitos nessas condições descobrem na mentoria uma fonte de renovação pessoal. Ao voluntariar como mentores de jovens ou iniciantes, eles redescobrem um propósito e tornam os anos de aposentadoria mais gratificantes e cheios de vida. Um programa de mentoria intergeracional descreveu que *escolher ser mentor pode tornar os anos pós-carreira tão ou mais plenos de significado do que os anos de trabalho ativo*, pela sensação de contribuição e relevância diária. De fato, compartilhar décadas de experiências com a nova geração beneficia os mentorados – que recebem conselhos valiosos – mas também dá aos mentores sêniores uma oportunidade de crescimento contínuo. Eles aprendem com os mais jovens (por exemplo, atualizando-se em novas tecnologias) e sentem-se valorizados por poderem influenciar positivamente a vida de alguém. Muitos desses mentores dizem que a satisfação de ver um jovem prosperar graças à sua orientação é *mais recompensadora do que qualquer conquista puramente pessoal* da carreira passada. Ou seja, ao se tornar mentor, eles redescobrem um propósito diário e provam a si mesmos que ainda podem fazer a diferença no mundo.

Grandes líderes em diversos campos também reforçam o poder transformador da mentoria. A apresentadora **Oprah Winfrey**, por exemplo, credita parte de seu sucesso à influência de sua mentora, a poetisa **Maya Angelou**. Oprah frequentemente referiu-se a Maya como sua "mentora-mãe-irmã-amiga", destacando o impacto profundo que essa orientação teve em sua vida. Para Maya Angelou, atuar como mentora de Oprah permitiu que ela deixasse um legado vivo em uma nova geração – as lições de sabedoria, coragem e propósito que ela transmitiu continuam ecoando através de Oprah e de todos os que Oprah veio a inspirar. Histórias como essa ilustram o efeito em cascata da mentoria: cada mentor impacta um mentorado, que por sua vez leva adiante aquele aprendizado e pode inspirar muitas outras pessoas. Assim, ao orientar alguém, você não está influenciando apenas uma vida, mas potencialmente muitas vidas de forma indireta. Esse efeito multiplicador dá ao mentor uma sensação ainda maior de significado, ao perceber que sua contribuição ultrapassa até mesmo a relação individual e se espalha pela comunidade ou mesmo pelo mundo.

Ao longo dos ciclos na Atitude Infinita, muitos mentores relatam que a experiência os reconecta com seus valores mais profundos. Como descreveu uma mentora: *"Entrei para ajudar alguém e saí ajudada. Redescobri minha escuta, minha força e meu propósito"*.

Um dos conselhos mais potentes que recebi do meu amigo e mentor **Dr. Antônio Geraldo** — presidente da Associação Brasileira de Psiquiatria e referência nacional em saúde mental — foi sobre identidade: *"fortaleça quem você é; empodere sua história; posicione-se com consciência. Não se trata de vaidade, mas de saúde psíquica"*.

A psiquiatria existencial reforça que saber quem somos, e o que representamos, é fator essencial de estabilidade emocional. Mentores que conhecem a própria jornada inspiram outros a fazer o mesmo — com verdade, força e direção.

Exercício Prático + Kit + Call to Action

Descubra o Propósito por Trás da sua Jornada

Você já sentiu que ajudar alguém trouxe um sentido especial à sua vida? Muitas vezes, o propósito como mentor está nas experiências que mais nos marcaram — e que agora podem iluminar o caminho de outras pessoas.

Para descobrir esse propósito com clareza, reflita e registre suas respostas:

- **Quais valores** te movem? Liste 3 a 5 valores centrais (ex: empatia, justiça, educação, superação).
- **Como a mentoria se conecta a esses valores?** Descreva como orientar alguém fortalece aquilo em que você acredita.
- **Quais momentos marcaram sua vida como mentor (formal ou informal)?** Que histórias revelam seu desejo de apoiar e inspirar?
- **Qual legado você deseja deixar?** Imagine como gostaria de ser lembrado por aqueles que você ajudou a crescer.

Para estruturar essa reflexão, acesse o **Kit do Mentor** e utilize os seguintes recursos:

- **Linha do Tempo do Impacto** – Revise os momentos em que você transformou vidas e reconheça seu legado.

- **Lista de Valores Essenciais** – Descubra os princípios que guiam suas decisões e estilo como mentor.
- **Planilha de Conexão entre Valores e Experiências** – Relacione sua história pessoal a seu propósito de mentoria.

Todos os materiais estão disponíveis gratuitamente em: www.atitudeinfinita.org/kitdomentor

Resumo da Parte 2 – Por Que Ser Mentor?

Ponto-chave:

Ser mentor é uma via de mão dupla: você transforma vidas e também cresce como pessoa e profissional.

O que você aprendeu:

- Os benefícios reais da mentoria para o mentor: propósito, rede, aprendizado contínuo.
- Que mentorar vai além de ensinar – é sobre criar impacto e deixar legado.
- Que o propósito é a força que sustenta o compromisso do mentor.

Como aplicar na prática:

- Reflita: qual transformação você deseja gerar na vida de alguém?
- Revise sua trajetória e identifique 1 momento em que você foi ajudado – e pense como pode retribuir.
- Escreva em 3 frases seu propósito como mentor.

Erros comuns a evitar:

- Encarar mentoria como "obrigação" ou só como currículo.
- Subestimar o impacto de uma conversa bem-feita.
- Mentorar sem conexão com um propósito claro.

Desafio para você:

Encontre um momento na semana para contar sua história de aprendizado a alguém. Você pode inspirar mais do que imagina.

Ferramentas Recomendadas do Kit do Mentor – Parte 2

Para colocar em prática o conteúdo desta parte e fortalecer seu propósito como mentor, acesse o Kit do Mentor e utilize os seguintes recursos:

Ferramenta	Finalidade
Linha do Tempo do Impacto	Identifique momentos em que você transformou vidas e reconheça seu legado.
Lista de Valores Essenciais	Descubra os princípios que orientam suas decisões e estilo de mentoria.
Planilha de Conexão entre Valores e Experiências	Relacione valores pessoais a experiências marcantes para definir propósito.

Todas as ferramentas estão disponíveis gratuitamente em:
www.atitudeinfinita.org/kitdomentor

Parte 3 – A Essência da Mentoria

"A cada mentoria, minha mente explodia: "Como eu não percebi isso antes? Agora tudo faz sentido!". Gobbi tem essa presença que é inteira, atenta e generosa. Ele não deixa passar nada. Escuta com profundidade, percebe detalhes que eu jamais enxergaria. Em cada encontro, sua entrega é total. Só nos vimos presencialmente uma única vez, mas presença, com ele, nunca dependeu da distância física. Quando Gobbi entra, ele está ali, e isso faz toda a diferença - Thais Souza, Analista de Inovação e Projeto."

– Thais Souza, Analista de Inovação e Projeto, Senac Vitória, ES

Depoimento do Mentorado – Anderson Gobbi

O valor do silêncio e a lição que moldou minha jornada como mentor e líder

Há quase 20 anos, vivi uma das experiências mais marcantes da minha vida profissional e pessoal. Tive o privilégio de ser mentorado por **Ronan Damasco** — um grande amigo, por quem tenho profunda admiração. Hoje, Ronan é National Technology Officer da Microsoft Brasil e um nome amplamente respeitado na comunidade técnica, dentro e fora do país.

Naquela época, eu era um jovem profissional cheio de energia, inquieto, e bastante vocal. Participava ativamente — talvez até demais — das reuniões de time. Discordava de temas polêmicos com frequência e, muitas vezes, era usado como porta-voz informal de descontentamentos coletivos. Com o tempo, esse comportamento impulsivo passou a prejudicar minha imagem diante dos colegas e da liderança. Eu ainda não compreendia que, por trás das decisões corporativas, existem diretrizes, estratégias e forças institucionais complexas, que transcendem a lógica imediata do time.

Foi nesse contexto que recebi um convite de mentoria do Ronan. Aceitei prontamente, empolgado com a chance de aprender com alguém que eu considerava um modelo de equilíbrio e sabedoria. Na primeira sessão, expliquei com entusiasmo que queria aprender a me comunicar melhor, a ser mais assertivo, mais ouvido e respeitado.

A resposta dele, porém, foi inesperada.

— "Então, daqui pra frente, eu gostaria que você ficasse em silêncio. Não fale mais nada em reuniões", disse ele, com serenidade.

Achei que fosse o início de alguma técnica mais elaborada e questionei:

— "Claro, mestre! E qual será nossa estratégia?"

Ele então completou, com ainda mais clareza:

— "Não tem mais nada. É só isso. Você precisa aprender a ficar em silêncio. Não dar opiniões, não retrucar, não se indignar ou se abalar com os assuntos das reuniões. E se sentir que precisa muito dizer algo, me liga depois. Vamos conversar só nós dois."

Naquele momento, confesso que saí confuso, até um pouco frustrado. Mas cumpri o combinado.

Nas primeiras reuniões, o esforço para me conter foi imenso. A vontade de intervir, de "corrigir o rumo" das conversas, era quase incontrolável. Mas permaneci em silêncio. Com o tempo, esse exercício virou disciplina. E então veio o momento da virada.

Certa vez, durante uma reunião particularmente conturbada, percebi o quão perturbador era o comportamento de uma pessoa que interrompia os demais constantemente. Virei para um colega e comentei:

— "Por que essa pessoa não para de falar? Está atrapalhando tudo!"

Ele olhou para mim, riu e disse:

— "Gobbi, você fazia três vezes pior do que isso..."

Naquele instante, compreendi. O silêncio havia me transformado. E mais que isso: havia me revelado.

Reflexão: o silêncio como ferramenta de transformação

Essa experiência me ensinou que **o silêncio não é ausência, mas presença plena**. Nas tradições filosóficas — de Sócrates ao budismo zen — o silêncio é visto como o espaço onde nasce a verdadeira escuta e o autoconhecimento. Na psicanálise, o silêncio é, por vezes, a linguagem do inconsciente. Na psiquiatria, o valor do silêncio é amplamente reconhecido em práticas como a escuta ativa, a observação empática e a contenção emocional.

Na mentoria, o silêncio pode ser a ferramenta mais poderosa de todas. Ele permite que o mentorado se observe, reflita e transforme-se. Ele cria espaço para a mudança.

Falar o que é essencial, no momento certo, é uma virtude rara. **Aprender a ficar em silêncio foi o primeiro grande passo para me tornar um mentor melhor.** E carrego essa lição até hoje.

> "Aprender a ficar em silêncio foi o primeiro grande passo para me tornar um mentor melhor."

A mentoria é transformadora por natureza: uma prática relacional e profundamente ética que impacta duas vidas, a do mentor e a do mentorado. Diferentemente de uma relação puramente acadêmica ou hierárquica, na mentoria há troca humana e crescimento mútuo. O mentor não é apenas um transmissor de conteúdo, mas um catalisador de descobertas e transformação pessoal, atuando com responsabilidade e respeito.

Como diz a educadora **bell hooks**, *"a educação [ou mentoria] como prática da liberdade conecta a vontade de saber com a vontade de se tornar"*, de modo que *"a aprendizagem é um lugar onde o paraíso pode ser criado"*. Nessa linha, a verdadeira essência da mentoria está em cultivar potenciais e ampliar consciências, e não apenas em transferir conhecimentos prontos.

Escuta, Empatia, Vínculo e Confiança

Nos alicerces de uma mentoria transformadora estão a escuta ativa, a empatia genuína, o vínculo afetivo e a confiança mútua. O mentor eficaz escuta não só com os ouvidos, mas com o coração, demonstrando interesse real pelas histórias e perspectivas do mentorado. O psicólogo **Carl Rogers**, pioneiro da abordagem humanista, enfatizou que três atitudes são essenciais para facilitar aprendizado e crescimento: **autenticidade, aceitação e compreensão empática**. Quando o aprendiz sente que sua experiência é valorizada e compreendida sem julgamentos, ele passa a confiar e se abrir. Rogers observou que pessoas florescem ao perceber que seu mundo interno é respeitado e entendido; a partir daí, *"seres humanos tornam-se mais dignos de confiança quando se sentem aceitos e compreendidos em profundidade"*. Assim, a confiança nasce desse espaço seguro de acolhimento, onde mentor e mentorado podem ser vulneráveis sem medo.

Essa dinâmica de cuidado lembra as palavras de bell hooks sobre o ensino: *"Ensinar de maneira que respeite e cuide da alma dos alunos é essencial para criar as condições em que a aprendizagem mais profunda e íntima pode começar"*. Do mesmo modo, mentorear com empatia e respeito pela essência do outro estabelece as bases para o aprendizado significativo. O vínculo que se forma é humanizador – mentor e mentorado se reconhecem como pessoas inteiras, com histórias, medos e sonhos. Nessa relação, ouve-se para compreender, não para responder. A escuta ativa valida o que o mentorado sente e encoraja que ele encontre sua própria voz. **Parker Palmer**, educador e escritor, sugere que um bom mentor é capaz de *"ouvir as vozes dos alunos mesmo antes que sejam faladas – para que um dia eles possam falar com verdade e confiança"*. Em outras palavras, o mentor capta potenciais silenciosos e encoraja o florescimento da voz e da identidade do aprendiz.

Além do vínculo direto entre mentor e mentorado, é fundamental reconhecer que as outras relações que cercam o mentorado — familiares, profissionais, afetivas ou de amizade — também exercem profunda influência sobre sua autoestima, motivação e clareza de propósito. Muitas vezes, o mentorado se encontra aprisionado em vínculos tóxicos que minam sua confiança e bloqueiam seu crescimento. Ambientes abusivos, amizades desonestas ou dinâmicas familiares disfuncionais podem gerar sentimentos de inadequação, medo e culpa. Nesses momentos, o papel do mentor é ampliar a consciência do mentorado, incentivando-o a observar quais relações estão fortalecendo sua jornada — e quais estão adoecendo sua caminhada. Como aprendi com meu amigo e mentor, o **Dr. Antônio Geraldo**, "*relacionamentos precisam ser saudáveis. Se traz prejuízo, precisamos nos afastar. Se traz benefício, precisamos manter e cuidar.*" Essa orientação, quando acolhida com escuta e empatia, pode ser um divisor de águas na vida do mentorado. Às vezes, o simples ato de nomear aquilo que machuca já é o primeiro passo rumo à liberdade emocional. Um mentor sensível sabe que, para florescer, o mentorado precisa de um solo fértil — e isso inclui relações que nutrem, não que envenenam.

Viver o Presente: Superando o Passado e Acalmando o Futuro

Durante o processo de mentoria, é comum nos depararmos com situações em que o mentorado está emocionalmente bloqueado. Em muitos casos, isso ocorre por estar preso a um passado doloroso, uma experiência negativa no ambiente de trabalho, um ambiente familiar disfuncional, a convivência com pessoas emocionalmente abusivas ou mesmo um ciclo de frustrações acumuladas.

Essas marcas influenciam profundamente a autoestima, a tomada de decisão e a capacidade de confiar em si mesmo. O mentorado, ainda que intelectualmente capaz, se percebe emocionalmente estagnado — revivendo mentalmente traumas, rejeições ou fracassos.

Por outro lado, há os que se sentem paralisados pelo medo do que ainda está por vir. A ansiedade em relação ao futuro se manifesta antes de uma entrevista de emprego, de uma apresentação de TCC, da entrega de um projeto importante ou até mesmo de uma simples reunião. O medo de errar, de ser julgado, de não estar à altura — tudo isso pode distorcer a percepção de realidade e comprometer o desempenho.

Nessas situações, o papel do mentor não é o de terapeuta, mas o de um facilitador de consciência. Alguém que, com escuta empática e boas perguntas, ajuda o mentorado a sair do piloto automático, a identificar o que o bloqueia e a reconectar-se com o que é real e possível no momento presente.

É nesse contexto que compartilho uma das lições mais transformadoras que recebi do meu amigo e mentor, **Dr. Antônio Geraldo**:

"Quem vive aprisionado ao passado, tende à tristeza. Quem se aflige com o futuro, tende à ansiedade. O presente é o único lugar onde a vida acontece de verdade."

Essa perspectiva, além de ressoar profundamente em minha vida pessoal, é respaldada por abordagens terapêuticas contemporâneas, como a terapia cognitivo-comportamental e o *mindfulness*. Ambas enfatizam a importância de trazer a atenção para o presente, como forma de reduzir a ruminação e a antecipação catastrófica — dois gatilhos comuns em quadros de depressão e ansiedade.

No ambiente da mentoria, isso se traduz em perguntas como:

- O que está sob seu controle hoje?
- O que você pode fazer agora, mesmo que pequeno, que te aproxima daquilo que deseja?
- Como essa experiência negativa do passado ainda está te influenciando — e o que você pode fazer para resignificá-la?

Ao ajudar o mentorado a se reconectar com o presente — com suas capacidades, recursos e oportunidades reais — o mentor colabora não apenas com sua trajetória profissional, mas também com sua saúde emocional e seu senso de autoconfiança.

Intencionalidade, Exemplo e Humildade do Mentor

Outra faceta essencial da mentoria eficaz é a intencionalidade – isto é, agir de propósito e com propósito. Mentores excepcionais não deixam os encontros ao acaso: eles planejam momentos de aprendizado, refletem sobre as necessidades do mentorado e estabelecem objetivos claros para a jornada. Essa intencionalidade, porém, anda de mãos dadas com a flexibilidade e a humildade. O mentor intencional guia pelo exemplo, sabendo que suas atitudes educam tanto quanto suas palavras.

Costuma-se dizer que *"nós ensinamos quem somos"*, ideia refletida por Parker Palmer ao lembrar que, *"sejam quem forem nossos alunos e qualquer que seja a matéria, no fim das contas ensinamos o que somos"*. Ou seja, o caráter e a integridade do mentor transmitem ensinamentos silenciosos no dia a dia. Valores como respeito, responsabilidade, ética e paixão pelo aprendizado transparecem no comportamento do mentor e influenciam profundamente o aprendiz.

Exercer a mentoria pelo exemplo exige humildade e autenticidade. O mentor humilde reconhece que não detém todas as respostas, e tudo bem! Na verdade, essa postura humilde-com-confiança é poderosa: demonstra ao mentorado que aprender é um processo contínuo e que até o mentor é um eterno aprendiz. **Adam Grant**, psicólogo organizacional, destaca que uma marca dos verdadeiros aprendizes ao longo da vida é reconhecer que se pode aprender algo com cada pessoa que se encontra. Grandes mentores abraçam essa ideia, mantendo a curiosidade e abrindo espaço para também aprender com seus mentorados. Em vez de se colocar num pedestal de *"sabe-tudo"*, o mentor eficaz admite quando não sabe, investiga junto, faz perguntas ao invés de só dar respostas. Esse tipo de humildade confiante gera um clima de parceria e respeito. Como **Brené Brown** observa, *"permanecer vulnerável é um risco que precisamos correr se quisermos experimentar a conexão"* – e mentores que mostram vulnerabilidade (por exemplo, compartilhando desafios que já enfrentaram ou erros dos quais aprenderam) geralmente ganham ainda mais confiança de seus mentorados. A humildade do mentor, portanto, longe de diminuir sua autoridade, a humaniza e reforça o vínculo, pois o mentorado percebe autenticidade e se sente seguro para também ser autêntico.

Transmitir Conhecimento vs. Desenvolver Consciência

Mentoria não é *bancar o professor tradicional* que despeja informação enquanto o outro ouve passivamente. Pelo contrário, a essência da mentoria está em despertar a consciência, incentivar o pensamento crítico e o desenvolvimento pessoal do mentorado. O educador **Paulo Freire**, patrono da educação brasileira, criticava a educação "bancária" (que apenas deposita conteúdos no aluno) e propunha uma educação dialógica e libertadora. Ele afirmou categoricamente que *"ensinar não é transferir conhecimento, mas criar as possibilidades para a sua própria produção ou a sua construção"*. Em outras palavras, o verdadeiro mentor não entrega respostas prontas, e sim cultiva no aprendiz a capacidade de buscar respostas, de construir saberes a partir de suas vivências e reflexões.

Essa diferença se revela na prática: enquanto transmitir conhecimento é focado no conteúdo (o mentor fala, o aluno escuta), desenvolver consciência foca no aprendente (o mentorado participa, questiona, descobre). **Carl Rogers** compartilhava visão semelhante ao dizer que *"não podemos ensinar outra pessoa diretamente; apenas podemos facilitar a sua aprendizagem"*. Ou seja, o mentor eficaz atua como facilitador, criando um ambiente propício, estimulando perguntas e reflexões profundas. O objetivo é formar não meros repetidores de informações, mas pessoas conscientes, confiantes em aprender por si mesmas. **Parker Palmer** complementa que *"o tipo de ensino que transforma pessoas não ocorre se ignorarmos o 'professor interior' do aluno… Só podemos falar ao mestre dentro de nossos estudantes quando estamos em diálogo com o mestre dentro de nós mesmos"*. Isso significa que o mentor busca despertar o mestre interior de cada mentorado – aquela voz interna curiosa, crítica e criativa que leva ao aprendizado significativo e à autonomia.

Ken Robinson, especialista em educação, também contrasta essas abordagens ao lembrar que educação é, antes de tudo, sobre relacionamentos humanos. Ele defende personalizar e humanizar o ato de ensinar, afirmando que *"grandes professores não são apenas instrutores e aplicadores de testes: eles são mentores, coaches, motivadores e fontes de inspiração ao longo da vida de seus estudantes"*. Nessa perspectiva, vemos que o mentor efetivo vai além de passar conteúdo – ele inspira pelo relacionamento, estimula a imaginação, provoca o pensamento independente e nutre a confiança do aprendiz em trilhar o próprio caminho. Sir Ken Robinson usa uma metáfora elucidativa: *"O jardineiro não faz a planta crescer. O trabalho do jardineiro é criar condições ótimas para o crescimento"*. Assim é o mentor: em vez de "fabricar" resultados ou impor um destino, ele cuida do ambiente de aprendizagem, aduba a curiosidade, rega a motivação e remove obstáculos, confiando que o próprio mentorado fará seu crescimento acontecer.

No processo de desenvolver consciência, mentor e mentorado se envolvem numa relação dialógica – ambos aprendem, ambos ensinam. Não há superioridade de saber; há troca. Como disse Freire, *"no encontro [entre educador e educando] não há ignorantes absolutos nem sábios absolutos: há seres humanos em busca do saber, juntos"*. Essa visão tira a mentoria de qualquer patamar de paternalismo ou mera autoridade, situando-a como parceria de caminhada. O mentor intenciona despertar no outro uma visão mais ampla de si mesmo e do mundo, aumentando sua consciência crítica, sua responsabilidade e capacidade de fazer escolhas. O conhecimento deixa de ser um fim em si mesmo e vira meio para empoderar o mentorado – para que ele pense por conta própria, descubra soluções e multiplique o aprendizado adiante. Esse legado de consciência é, em última instância, o que torna a mentoria uma prática tão transformadora e de longo alcance.

Mentoria como Relação Humana e Educacional

Mentoria de verdade acontece entre pessoas, coração a coração, mente a mente. Não se trata apenas de atingir metas técnicas, mas de uma relação humana rica em significado. Autores diversos sublinham a natureza profundamente humana e educacional da mentoria, aproximando-a de amizade, tutoria e até amor pedagógico. A escritora **bell hooks**, em seus textos sobre pedagogia, reforça que educar é um ato de amor e que a sala de aula (ou o círculo de mentoria) pode ser um espaço de cura e crescimento para todos os envolvidos. Quando mentor e mentorado se encontram genuinamente, cria-se uma comunhão que permite a ambos explorarem perguntas e possibilidades novas. Essa relação fundamenta-se no respeito à individualidade – reconhecer o mentorado como um ser único, com suas bagagens e talentos singulares. *"Não é que você seja diferente, mas ninguém consegue ser igual a você"*, já dizia Shakespeare, e a mentoria celebra exatamente essa singularidade, adaptando a orientação para a pessoa, e não tentando moldar a pessoa a um padrão.

A prática da mentoria como relação humana e educacional encontra uma de suas expressões mais vibrantes na Atitude Infinita — uma comunidade que nasceu com o propósito de unir jovens sonhadores a mentores que acreditam no poder da escuta, do vínculo e da transformação. A Atitude Infinita já impactou centenas de vidas ao promover encontros sinceros e intencionais entre gerações. Ali, mentores não apenas compartilham experiência: eles escutam com empatia, encorajam com verdade e ajudam os mentorados a florescer como protagonistas de sua própria história. Muitos dos jovens que chegaram desacreditados hoje retornam como mentores, num ciclo virtuoso de aprendizado e retribuição. A essência da mentoria, como descreve este capítulo, é exatamente isso: uma troca humana, ética e transformadora — vivida todos os dias dentro da nossa comunidade.

Parker Palmer define a mentoria (no contexto de ensino) como uma via de mão dupla, afirmando que *"mentoria é uma mutualidade: requer mais do que encontrar o professor certo; o professor precisa também encontrar o aluno certo"*. Ele sugere, poeticamente, que mentores e aprendizes são parceiros de uma antiga dança humana, na qual "as gerações mais velhas capacitam os mais jovens com sua experiência, e os jovens revitalizam os mais velhos com nova vida, tecendo novamente o tecido da comunidade humana conforme dançam". Essa imagem mostra bem o caráter recíproco da relação de mentoria: ambos lados dão e recebem, em ritmos diferentes, mas sincronizados no mesmo propósito de crescimento. O mentor oferece sabedoria, orientação e apoio, enquanto o mentorado oferece novas perspectivas, entusiasmo e propósito renovado ao mentor. Nesse *"pas de deux"* intergeracional, forma-se um laço de confiança e aprendizado contínuo que beneficia a comunidade em geral.

Outra voz influente, o educador **Ken Robinson**, propõe humanizar a educação justamente reforçando a dimensão de mentoria. Ele argumenta que educação sempre foi e sempre será sobre pessoas e relações, e que o sucesso de um educador está em inspirar e motivar, não em controlar. Grandes mentores, como ele aponta, *"mentoreiam, estimulam, provocam, engajam"* – funções claramente ligadas à relação e não apenas ao conteúdo ensinado. Em suma, a mentoria é educação no seu sentido mais puro: "e-ducere", do latim, significa *conduzir para fora*, ou seja, ajudar a trazer à tona o que há de melhor no outro. O mentor é aquele que estende a mão e caminha ao lado, incentivando, abrindo horizontes e, às vezes, desafiando o mentorado a ultrapassar limitações percebidas. Tudo isso se dá em uma relação que é profissional, sim, mas também profundamente pessoal – feita de diálogo, confiança e conexão humana.

Metáforas Inspiradoras do Papel do Mentor

Ao longo do tempo, diferentes metáforas têm sido usadas para ilustrar de forma poética e clara a função do mentor. Uma delas é a do **farol**: o mentor assemelha-se a um farol erguido na costa, firme no horizonte, cujo facho de luz guia navegantes em meio à escuridão. Ele não controla os barcos nem a tempestade, mas oferece orientação segura e referência para que o viajante (mentorado) possa se localizar e seguir adiante apesar das incertezas. Mentores experientes, especialmente em tempos turbulentos, tornam-se *faróis* que guiam os outros em mares tempestuosos, transmitindo calma, esperança e direção. Quantos de nós não lembramos de alguém que, em meio às nossas dúvidas, brilhou como um farol, apontando possibilidades quando não enxergávamos caminho?

Outra metáfora poderosa — e profundamente enraizada na essência da Atitude Infinita — é a da **ponte**. Introduzida pelo amigo e fundador **Glauter Jannuzzi**, a expressão *"Sejamos Pontes"* tornou-se um chamado à ação em nosso cotidiano: a responsabilidade de ajudar o próximo, conectando pessoas, oportunidades e saberes como missão coletiva.

Na mentoria, essa imagem ganha ainda mais força. O mentor atua como uma ponte que conecta o mentorado a novos mundos — aproximando-o de possibilidades, pessoas, conhecimentos ou perspectivas antes inacessíveis. Ele ajuda a atravessar abismos que, sozinho, o mentorado talvez não conseguisse vencer, encurtando distâncias entre o estado atual e o estado desejado de desenvolvimento.

Importante lembrar: *a ponte não caminha pelo viajante; ela sustenta, conecta, permite a travessia — mas o passo é de quem atravessa*. Assim também é o papel do mentor: oferecer suporte firme, segurança e direção, mas respeitando o protagonismo do mentorado em sua jornada.

Temos ainda a imagem da **bússola**. Enquanto o farol brilha externamente, a bússola representa a orientação interior. O mentor funciona como uma bússola ao ajudar o mentorado a encontrar seu norte, seus valores e objetivos, principalmente em terrenos desconhecidos. Em meio a um deserto vasto de opções ou dúvidas, um bom mentor é como essa bússola: não dita exatamente por onde andar, mas aponta a direção correta conforme os objetivos e a essência do viajante. O mentor ensina o aprendiz a se orientar pelos próprios princípios, servindo de referência moral e profissional. Quando o mentorado aprende a usar sua "bússola interna", ganha autonomia para tomar decisões alinhadas ao seu propósito, sem depender constantemente de instruções alheias. O mentor, portanto, oferece *orientação estratégica*, clarificando caminhos possíveis e ajudando o outro a se manter fiel ao que realmente importa em sua jornada.

Por fim, uma das metáforas mais belas: *o mentor como jardineiro e o processo de mentoria como um jardim*. Cada mentorado pode ser visto como uma planta única nesse jardim, com seu ritmo de crescimento, suas necessidades específicas de solo, luz e nutrientes. O mentor, tal qual um jardineiro dedicado, oferece cuidados especiais e nutrição para cada planta, assegurando que ambas as partes – mentor e mentorado – cresçam de forma harmoniosa. Ele prepara o terreno (ambiente de confiança), rega com conhecimento e feedback, aduba com encorajamento e até poda gentilmente, quando necessário, ajudando a remover crenças limitantes ou hábitos prejudiciais. É interessante que nessa metáfora ambos crescem: mentor e mentorado aprendem um com o outro, fortalecendo-se mutuamente. O ato de mentorar também desenvolve o mentor – paciência, capacidade de observação, alegria em ver o florescimento alheio. E o mentorado floresce, desabrocha suas habilidades e passa a dar frutos. Como resumiu **Ken Robinson**, o jardineiro não *faz* a planta crescer, mas possibilita o crescimento criando condições otimais. O mentor-jardineiro confia no potencial intrínseco de cada mente e cria um ambiente fértil onde o aprendizado acontece de forma natural e orgânica.

Em todas essas metáforas – farol, ponte, bússola, jardim – percebemos que o mentor não carrega o viajante no colo, não força destinos, não anula a identidade do outro. **Pelo contrário**: ele ilumina, conecta, orienta e cultiva, sempre respeitando o caminho e o tempo do mentorado.
São imagens que inspiram pela simplicidade e profundidade, lembrando-nos de que mentorear é, acima de tudo, servir de guia e apoiar o crescimento do outro, e não controlá-lo. Cabe ao mentorado navegar seu próprio navio, atravessar a ponte, escolher o norte a seguir e crescer por si mesmo – mas a presença do mentor faz toda a diferença nessa travessia.

Exercício Prático + Kit do Mentor

Coloque em Prática a Essência da Mentoria

Nesta parte, você viu que mentorar é escutar com presença, agir com intencionalidade e cultivar relações humanas de confiança e transformação.

Agora, reflita e coloque isso em prática:

- Você escuta de verdade? Pense em suas últimas conversas como mentor. Estava ouvindo para entender ou para responder?

- Como você inspira pelo exemplo? Liste duas atitudes que servem como referência positiva para o mentorado.
- Você está criando espaço para o crescimento do outro? Está oferecendo respostas prontas ou provocando reflexões e autonomia?
- Qual metáfora representa melhor seu estilo de mentoria — **Farol**, **Ponte**, **Bússola** ou **Jardineiro**? Escreva por quê.

Para apoiar essas reflexões e desenvolver sua escuta e presença ativa, acesse os seguintes recursos do **Kit do Mentor**:

- **Infográfico dos Níveis de Escuta** – Entenda e pratique diferentes profundidades de escuta ativa.
- **Guia Prático de Escuta Empática** – Aprofunde sua habilidade de ouvir com empatia, com perguntas e dinâmicas.
- **Simulação em Áudio** – Treine sua escuta com situações reais.
- **Exercício das Metáforas** – Identifique seu estilo pessoal de mentoria com base nas imagens simbólicas.

Tudo disponível gratuitamente em:
www.atitudeinfinita.org/kitdomentor

Resumo da Parte 3 – A Essência da Mentoria

Ponto-chave:

A essência da mentoria está na escuta, empatia, vínculo e intenção de fazer o outro crescer com autonomia.

O que você aprendeu:

- Que escutar com presença vale mais do que dar conselhos rápidos.
- A diferença entre ensinar e desenvolver consciência.
- Que mentoria é um processo de confiança, não uma aula.

Como aplicar na prática:

- Na próxima conversa, ouça por 5 minutos sem interromper.
- Pratique perguntas como “O que você aprendeu com isso?” ou “Como você se sentiu?”.
- Liste 3 atitudes suas que inspiram outras pessoas sem você perceber.

Erros comuns a evitar:

- Achar que mentoria é só dar dica ou ensinar atalhos.
- Falar mais do que ouvir.
- Criar dependência em vez de empoderamento.

Desafio para você: Escolha um mentorado (ou amigo/colega) e pratique uma sessão de escuta ativa: só ouça, sem interromper ou julgar.

Ao compreender os pilares da escuta, do vínculo, da intencionalidade e do exemplo, é natural que surja a pergunta: como colocar tudo isso em prática? Como transformar intenção em ação dentro da jornada de mentoria?

É nesse ponto que entram as competências do mentor — o conjunto de habilidades que sustentam sua atuação, tanto na dimensão técnica quanto na humana. Elas são as ferramentas que tornam possível o desenvolvimento de uma relação estruturada, eficaz e transformadora com o mentorado.

Na próxima seção, vamos mergulhar nessas competências com profundidade e exemplos práticos. Você será convidado a refletir sobre suas próprias habilidades e a reconhecer como cada uma delas pode ser utilizada para impactar positivamente a vida de outra pessoa.

Ferramentas Recomendadas do Kit do Mentor – Parte 3

Para aprofundar sua prática como mentor, com foco em escuta empática, vínculo e intencionalidade, acesse os recursos da Parte 3 no Kit do Mentor:

Ferramenta	Finalidade
Infográfico dos Níveis de Escuta	Compreenda e pratique diferentes profundidades de escuta ativa.
Guia Prático de Escuta Empática	Exercite perguntas, dinâmicas e reflexões para criar vínculo e confiança.
Simulação em Áudio	Treine sua escuta empática com exemplos reais de interação.
Exercício das Metáforas (Farol, Ponte, Bússola, Jardineiro)	Identifique seu estilo pessoal de mentoria com base nas imagens simbólicas.

Todas as ferramentas estão disponíveis gratuitamente em:
www.atitudeinfinita.org/kitdomentor

Parte 4 – Preparação: O Mentor em Construção

"O Anderson teve papel crucial no meu desenvolvimento profissional. Como mentor, me desafiou a ser mais colaborativo, criativo e generoso no compartilhamento de conhecimento. Ele inspira com o exemplo e sempre nos faz refletir sobre o nosso impacto no outro."

– Marcelo Lagden, Senior Regional Sales Engineer, CrowdStrike – Brasília, BR

Se na parte anterior exploramos a essência da mentoria na relação mentor-mentorado, agora voltamos o olhar para dentro: quem é o mentor e como ele se prepara? Todo mentor está em constante construção – um processo contínuo de autoconhecimento, desenvolvimento de habilidades e alinhamento de propósito. Para cuidar do outro, o mentor primeiro cuida de si; para guiar com clareza, ele próprio busca clareza em sua jornada.

Nesta parte, discutiremos os fundamentos internos do mentor – desde a importância de conhecer a si mesmo, seu propósito, suas vulnerabilidades, até ferramentas práticas de desenvolvimento pessoal. Para apoiar essa jornada, você encontrará no site da Atitude Infinita, dentro do KIT DO MENTOR > Parte 4 – O Mentor em Construção, um conjunto de materiais complementares que enriquecem sua experiência. São eles:

- **Caderno de Reflexões** – para aprofundar seu autoconhecimento e sua clareza de propósito;
- **Quadro "Mentor em Construção"** – para mapear seus pontos fortes, vulnerabilidades e áreas de aprimoramento;
- **Carta de Intenção do Mentor** – para formalizar sua motivação e compromisso com a jornada de mentoria.

Esses recursos são parte essencial da preparação prática do mentor Atitude Infinita. Você poderá utilizá-los ao longo da leitura desta parte ou após a conclusão, como uma trilha de desenvolvimento pessoal e estratégico.

Autoconhecimento, Propósito e Inteligência Emocional

Autoconhecimento é o ponto de partida para a jornada de qualquer mentor. Antes de orientar alguém, é crucial que o mentor entenda quem ele é, no que acredita, quais são seus valores e o que o motiva profundamente. Ter clareza de seu propósito, isto é, por que ele deseja mentorar e qual impacto deseja deixar – funciona como uma fundação sólida sobre a qual se constrói toda a prática de mentoria. Quando o mentor tem um senso de propósito, ele atua com mais intencionalidade e paixão, e isso transparece para o mentorado. Por exemplo, um mentor cujo propósito é *"ajudar jovens de minha área a encontrarem realização profissional"* terá esse norte orientando suas ações, escolhas de atividades e até o modo de celebrar as conquistas do mentorado.

Entretanto, autoconhecimento não é só identificar qualidades; é também encarar honestamente as próprias limitações e vulnerabilidades. Aqui entra a importância da inteligência emocional – a capacidade de reconhecer e gerenciar as próprias emoções e de se sensibilizar com as emoções alheias. Mentores com boa inteligência emocional conseguem manter a calma em momentos desafiadores, comunicar-se com empatia e evitar projetar suas frustrações ou egos na relação de mentoria. A autora **Brené Brown**, famosa por seus estudos sobre vulnerabilidade e coragem, ensina que *vulnerabilidade não é fraqueza; é, na verdade, a maior prova de coragem.* Para o mentor, isso significa ter coragem de admitir falhas, de dizer "não sei" quando for o caso, de pedir desculpas se cometer um erro com seu mentorado. Esses gestos de humildade e humanidade criam um ambiente de confiança e permitem que o mentorado também se sinta à vontade para ser imperfeito e aprender com os erros. Brené Brown também ressalta que *"permanecer vulnerável é um risco que precisamos correr se quisermos experimentar a conexão"* – aplicado à mentoria, podemos entender que é na honestidade e abertura emocional do mentor que muitas vezes se constrói a conexão mais forte e autêntica com o mentorado.

Além disso, conhecer a si mesmo inclui estar consciente de seus pontos cegos e gatilhos emocionais. Por exemplo, se um mentor sabe que tende a ficar impaciente quando alguém procrastina, ele precisa desenvolver estratégias internas para lidar com isso (respirar fundo, praticar a empatia, lembrar-se de que cada um tem seu ritmo) antes de prejudicar a relação de mentoria. Essa auto-observação contínua faz parte da construção do mentor. Carl Jung, psicólogo suíço, defendia a necessidade de explorarmos nosso lado oculto (que ele chama de "sombra") para realmente nos compreendermos. Ele escreveu: *"Conhecer a sua própria escuridão é o melhor método para lidar com a escuridão dos outros... Quem olha para fora, sonha; quem olha para dentro, desperta"*. Ou seja, quando o mentor enfrenta suas próprias sombras – inseguranças, medos, vaidade, impaciência – ele se torna muito mais apto a ajudar o outro a lidar com as dificuldades deles. Essa *despertar interno* torna o mentor mais consciente, compassivo e autêntico.

Em suma, um mentor bem preparado investe continuamente em seu crescimento pessoal: lê, faz terapia ou coaching, busca feedback de colegas, reflete sobre suas experiências e está disposto a evoluir. Ele reconhece que nunca "fica pronto" totalmente – está sempre em construção, aprendendo com cada mentorado também. Essa postura modesta e comprometida com o próprio desenvolvimento é inspiradora por si só: ao verem isso, os mentorados aprendem sobre a importância de seguir se desenvolvendo ao longo da vida.

Na comunidade da Atitude Infinita, essa construção contínua do mentor é uma realidade vivida na prática. A Atitude é um espaço onde mentores encontram não apenas a oportunidade de doar, mas também de se desenvolver. A cada novo ciclo de mentoria, cada mentor se coloca novamente em modo aprendiz — seja ao se preparar para um novo perfil de mentorado, ao estudar temas contemporâneos que surgem nos encontros, ou ao refletir sobre os próprios pontos cegos e talentos. A cultura da Atitude incentiva o autoconhecimento, a vulnerabilidade e a escuta ativa como pilares da atuação do mentor. Muitos ali chegaram com vontade de contribuir e saíram profundamente transformados. A mentoria, nesse contexto, é tanto um gesto de entrega quanto uma jornada de expansão pessoal — e é essa simbiose que faz da Atitude Infinita um verdadeiro campo de lapidação humana e relacional.

Dentro da Atitude Infinita, é comum observar um fenômeno poderoso: mentores que chegam com a intenção de doar seu tempo, conhecimento e experiência, e acabam vivenciando jornadas profundas de aprendizado pessoal. Ao mergulhar no processo de mentoria, muitos se deparam com histórias de vida intensas, desafios emocionais complexos e sonhos carregados de urgência — e isso provoca neles não apenas empatia, mas também um exercício de reflexão sobre suas próprias escolhas, crenças e trajetória.

Em diversos ciclos, vimos mentores experientes se emocionarem ao escutar a coragem de jovens enfrentando realidades adversas, ou se questionarem ao perceber que, por trás de uma orientação dada, havia também um conselho que eles próprios precisavam ouvir. Em muitos casos, a mentoria se transforma em um espelho — revelando ao mentor aspectos adormecidos da sua identidade, valores esquecidos ou até vocações que ainda não haviam sido exploradas.

É essa troca viva, humana e intensa que faz da mentoria um campo fértil de crescimento mútuo. Ao orientar, o mentor se redescobre. Ao apoiar, é apoiado. Ao provocar transformação, também se transforma. Na Atitude Infinita, esse ciclo é não apenas possível, mas parte essencial da experiência de ser mentor.

Ferramentas e Modelos de Autoconhecimento para Mentores

Felizmente, existem diversas ferramentas de autoconhecimento que o mentor pode usar para entender melhor sua personalidade, seus talentos e áreas de melhoria. Essas ferramentas fornecem *mapas* da nossa psique e preferências, ajudando a colocar em palavras aquilo que muitas vezes intuíamos sobre nós mesmos. Aqui destacamos algumas abordagens consagradas que podem ser aplicadas à preparação do mentor:

- **Ikigai:** De origem japonesa, o conceito de *Ikigai* refere-se à interseção entre aquilo que você ama fazer, aquilo em que você é bom, o que o mundo precisa e pelo que você poderia ser remunerado (ou valorizado). Encontrar seu Ikigai significa descobrir seu propósito de vida, o motivo pelo qual você se levanta toda manhã. Para um mentor, trabalhar seu Ikigai pode clarificar *por que* ele deseja mentorar e em quais áreas tem mais a contribuir. Por exemplo, um profissional pode descobrir que seu ikigai está em "ensinar e orientar jovens empreendedores de tecnologia", unindo sua paixão por tecnologia, sua habilidade de ensinar, a necessidade do mundo por inovação e a possibilidade de fazer disso parte de sua carreira. A ferramenta do Ikigai é geralmente visualizada como uma mandala de quatro círculos sobrepostos, e exige um processo reflexivo sobre si mesmo. Ao preencher essa mandala, o mentor obtém valiosos insights sobre seus valores, motivações e alinhamento entre vida pessoal e profissional. Esse nível de clareza o torna um mentor mais focado e realizado, capaz de comunicar sua missão e inspirar pelo exemplo de alguém que vive com propósito.

- **MBTI (Myers-Briggs Type Indicator):** É um dos indicadores de personalidade mais populares no mundo, baseado na teoria dos tipos psicológicos de Carl Jung. Através de um questionário, o MBTI identifica nossas preferências em quatro dimensões: fonte de energia (Introversão ou Extroversão), modo de perceber o mundo (Sensação ou Intuição), base para tomar decisões (Pensamento ou Sentimento) e estilo de vida (Julgamento ou Percepção). Combinando-se essas preferências, resulta um de 16 tipos de personalidade (por exemplo, INFJ, ESTP etc.), cada qual com características gerais sobre como a pessoa se comunica, trabalha, aprende e se relaciona. Para mentores, conhecer seu tipo MBTI pode trazer um mergulho em si mesmo – entender seus pontos fortes naturais e também suas possíveis "armadilhas". Por exemplo, um mentor de perfil ENTJ (Extrovertido, Intuitivo, Pensante, Julgador) pode ser excelente em dar direcionamento e visão estratégica, mas talvez precise tomar cuidado para não ser controlador ou impaciente com detalhes. Já um mentor de perfil ISFP (Introvertido, Sensorial, Sentimento, Perceptivo) provavelmente será ótimo ouvinte e solidário, porém talvez tenha que trabalhar a assertividade na hora de dar feedbacks difíceis. O MBTI, quando bem utilizado, descreve diferenças de forma positiva e amplia a apreciação da diversidade. Ao saber seu tipo, o mentor pode identificar quais estilos de mentorias mais lhe convêm, que abordagens lhe saem naturalmente e em quais situações precisa se esforçar mais para sair da zona de conforto. Importante destacar: nenhum tipo é "melhor" que o outro – todos têm contribuições únicas. O valor está em **aprofundar o autoconhecimento** e, a partir disso, melhorar relacionamentos interpessoais, liderar com mais eficácia e até compor parcerias de mentoria complementares. Muitos mentores usam o MBTI não só para se entenderem, mas também para entender o estilo do mentorado, adaptando a comunicação de acordo com o tipo de cada um e evitando conflitos desnecessários por diferenças de personalidade.
- **CliftonStrengths (StrengthsFinder):** Desenvolvida pela Gallup a partir das pesquisas do psicólogo Donald Clifton, essa ferramenta foca em identificar seus talentos dominantes – padrões naturais de pensamento, sentimento e comportamento nos quais você

tem potencial para excelência. Ao responder o assessment do CliftonStrengths, a pessoa recebe um relatório apontando seus 5 principais temas de talento (ou até os 34 temas organizados por intensidade, na versão completa). Exemplos de temas são: Estratégico, Empatia, Comunicação, Analítico, Intelecção, Liderança de Relacionamento, etc. A ideia central é que desenvolver seus pontos fortes traz muito mais retorno do que tentar apenas consertar pontos fracos. Para um mentor, conhecer seus talentos naturais é extremamente útil: ele pode assim se apoiar no que faz de melhor ao mentorar. Por exemplo, um mentor cujo talento #1 é Empatia sabe que tem facilidade em compreender o sentimento alheio – pode usar isso para criar conexão e ler o clima emocional do mentorado. Alguém com talento Comunicador pode brilhar contando histórias inspiradoras que instigam o aprendiz. Já um mentor com talento Intelecção (gosta de refletir profundamente) talvez ofereça ao mentorado muitas provocações reflexivas e indicações de leitura. Além disso, o CliftonStrengths lembra que nenhum talento sozinho é suficiente; o crescimento vem de transformar talento em ponto forte, adicionando conhecimento, prática e habilidades técnicas a ele. Por exemplo, ter o talento "Desenvolvedor" (gostar de desenvolver pessoas) é ótimo para um mentor, mas torna-se um ponto forte real quando ele adquire técnicas de coaching, feedback efetivo, etc. Assim, a ferramenta ajuda o mentor a traçar um plano de desenvolvimento: quais talentos vou aprimorar intencionalmente e como? Vale notar também que entender seus talentos permite ao mentor complementar-se com outros: se ele sabe que um talento importante não está entre os seus principais, pode buscar co-mentores ou recursos externos para suprir. Por exemplo, um mentor com poucos talentos na área de *Relacionamento* precisará se esforçar extra para construir rapport, ou até envolver um co-mentor mais relacional caso possível, garantindo que o mentorado tenha uma experiência completa. Em resumo, o CliftonStrengths fornece ao mentor um mapa de suas aptidões, encorajando-o a investir nelas para atingir excelência e também a gerenciar suas fraquezas de forma inteligente, em vez de simplesmente ignorá-las.

Além dos citados, há **inúmeros outros modelos e assessments** que podem apoiar o autoconhecimento do mentor: Eneagrama (mapa de motivação e comportamento em nove tipos), Big Five (traços de personalidade quantitativos), DISC (estilos comportamentais no trabalho), valores pessoais, testes de estilo de aprendizagem, etc. O importante é utilizar essas ferramentas como pontos de partida para reflexão, não caixas rígidas. Cada rótulo ou resultado deve ser interpretado criticamente, considerando sempre: *"Isso realmente ressoa comigo? Como posso usar essa informação para ser um mentor melhor?"*. Feito isso, o mentor ganha um repertório de insights sobre si mesmo que o tornam mais consciente em cada interação de mentoria.

Insights de Brené Brown, Adam Grant, Carl Jung e outros

Vale a pena beber da sabedoria de pensadores consagrados que, embora de áreas diversas, oferecem lições valiosas para quem atua como mentor. Vejamos alguns insights selecionados:

- **Brené Brown** (pesquisadora de vulnerabilidade e liderança): Brené nos lembra de que *coragem e vulnerabilidade andam de mãos dadas*. Para mentores, isso reforça a ideia de que admitir incertezas ou compartilhar suas próprias histórias de fracasso pode ser um ato poderoso de conexão. Ela cunhou o termo "*poder da vulnerabilidade*" exatamente para quebrar o mito de que o líder/mentor deve ser infalível. Ao contrário, mostrar-se humano gera empatia. Outro ponto de Brené é sobre propósito e pertencimento – ela diz que um fator de verdadeira liderança é fazer as pessoas se sentirem valorizadas e pertencentes. O mentor deve criar esse senso de pertencimento na relação, deixando claro ao mentorado: *"eu me importo com você e acredito no seu valor"*. Isso ecoa naquela frase sua: "numa cultura de escassez e perfeccionismo, cultivar a coragem de ser imperfeito e de contar nossa história é o que nos conecta uns aos outros". Em termos práticos, o mentor pode incorporar esse insight ao encorajar o mentorado a não ter medo de falhar e ao, ele mesmo, liderar abrindo espaço para conversas honestas (sem julgamentos) sobre dificuldades.
- **Adam Grant** (psicólogo organizacional e autor de *Dar e Receber* e *Pense de Novo*): Adam pesquisa sucesso profissional e generosidade, trazendo achados interessantes. Um de seus insights relevantes para mentores é: *"Os doadores (quem ajuda os outros) tendem a ter sucesso a longo prazo"*. No livro Dar e Receber, ele mostra que pessoas que genuinamente compartilham tempo e conhecimento (mentores, por exemplo) constroem redes de apoio fortes e colhem frutos disso mais adiante – seja em reputação, aprendizado ou satisfação pessoal. Ou seja, mentorar faz bem não só ao mentorado, mas ao mentor também, de maneiras que às vezes nem imaginamos, fortalecendo carreira e propósito. Outro ponto de Adam Grant é a ideia de "aprender algo com todos que você encontra", que já mencionamos. Isso sugere cultivar uma mente aberta e curiosa em cada interação, inclusive com seu mentorado – *o que ele pode me ensinar?* Talvez seja uma nova tendência, um ponto de vista da geração dele, uma habilidade tecnológica... Mentores que aprendem com os mentorados além de tudo engrandecem a relação (o mentorado se sente valorizado por poder contribuir de volta). Por fim, Adam fala muito sobre repensar certezas. Em *Pense de Novo*, ele defende que pessoas sábias têm a humildade de abandonar velhas opiniões diante de novas evidências. Para o mentor, isso se traduz em não ficar preso a "verdades absolutas" do tipo "sempre fiz assim e deu certo". Em vez disso, manter-se atualizado, disposto a experimentar novas abordagens de mentoria, ouvir feedbacks

e *recalibrar* seu estilo quando necessário. Essa flexibilidade cognitiva é fundamental para continuar relevante e eficaz.

- **Carl Jung** (psiquiatra e pensador sobre a psique humana): Jung traz contribuições indiretas mas profundas. Já citamos sua frase sobre *"quem olha para dentro, desperta"*, reforçando autoconhecimento. Outra contribuição dele, refletida posteriormente no MBTI, é a compreensão de que cada pessoa tem um jeito único de perceber o mundo e tomar decisões. Aplicado à mentoria, isso nos lembra de personalizar a abordagem: o que funciona para um mentorado pode não funcionar para outro, pois suas personalidades diferem. Jung também falava sobre arquétipos – padrões universais de comportamento. O mentor pode refletir: *qual arquétipo estou encarnando para meu mentorado?* Às vezes é o *Sábio*, que orienta com conhecimento; outras vezes é o *Cuidador*, que apoia emocionalmente; pode ser o *Herói*, que inspira pelo exemplo de superação; ou até o *Bobo da corte*, que usa humor para ensinar leveza. Entender esses papéis pode ajudar o mentor a equilibrar sua atuação – nem só sábio (distante), nem só cuidador (superprotetor), mas um mestre humilde que guia com sabedoria e empatia.
- **Outros**: Podemos citar **Parker Palmer** novamente, pela ênfase na integridade do mentor. Ele diz: *"um bom professor se origina de um bom ser humano"* – lembrando-nos que caráter e congruência importam mais do que técnicas mirabolantes. **Bell hooks**, pelo amor e justiça na relação educativa (ela fala da necessidade de *"amar a alma do aluno"* e também da importância de *esperança* na educação). **Paulo Freire**, pela crença inabalável de que educar/mentorar é um ato político e de amor, onde se respeita a autonomia do outro – *"ninguém educa ninguém, as pessoas se educam em comunhão"*. **Ken Robinson**, pela paixão em liberar a criatividade e talento de cada indivíduo, ao invés de uniformizar – um mentor deve valorizar as inclinações únicas de seu mentorado, mesmo que fujam do convencional. **Brené Brown**, ainda, nos lembra do conceito de *"Wholeheartedness"* (viver de todo coração) – um mentor "de coração inteiro" traz autenticidade, valoriza conexão humana acima de status e se compromete de verdade com o crescimento do outro.

Ao beber dessas fontes, o mentor se nutre de ideias e inspirações que o ajudam a refinar sua mentalidade. Ele percebe que mentoria é uma prática antiga, quase arquetípica, e que ao se tornar mentor, ele entra numa espécie de "linhagem" de mestres, guias, conselheiros que permeia a história humana. Isso pode reforçar seu senso de propósito e responsabilidade (se estou assumindo o papel de mentor, que seja da forma mais consciente e ética possível, como pregaram esses grandes pensadores). Também traz humildade: mesmo gigantes como Jung, Freire, hooks tinham consciência de suas imperfeições; logo, posso aceitar as minhas e ainda assim fazer a diferença. Em resumo, os insights desses autores servem como **norteadores e encorajadores** para o mentor em construção – pequenas bússolas intelectuais e morais a lembrar por que vale a pena mentorar e como fazê-lo cada vez melhor.

Exercício Prático + Kit do Mentor

Fortaleça sua Identidade como Mentor

A construção do mentor começa com olhar para dentro — reconhecer seus valores, experiências, medos e fortalezas. Mais do que dominar técnicas, é sobre desenvolver consciência, intenção e autenticidade.

A seguir, reflita sobre sua jornada com apoio das ferramentas práticas do **Kit do Mentor**:

- **Quais crenças limitantes ainda atrapalham sua atuação como mentor?** Nomeie e questione cada uma.
- **Quais valores e experiências moldaram sua trajetória?** Revise eventos marcantes que revelam o tipo de mentor que você deseja ser.
- **Quais habilidades você já tem — e quais deseja desenvolver?** Seja honesto com seus pontos fortes e áreas de aprimoramento.
- **O que te inspira a assumir essa missão?** Escreva, sem filtro, os motivos mais profundos que te movem.

Para organizar essas reflexões e planejar sua evolução como mentor, utilize:

- **Caderno de Reflexões** – Um espaço livre para registrar descobertas, dúvidas e decisões.
- **Quadro "Mentor em Construção"** – Visualize seu momento atual e os passos para evoluir.
- **Carta de Intenção do Mentor** – Formalize, com verdade e compromisso, sua missão como mentor.

Todos os recursos estão disponíveis gratuitamente em:
www.atitudeinfinita.org/kitdomentor

Resumo da Parte 4 – O Mentor em Construção

Ponto-chave:

O mentorado é o protagonista da própria evolução — o mentor apenas ilumina o caminho.

O que você aprendeu:

- Que cada mentorado tem seu tempo, seus desafios e seu ritmo de aprendizado.
- A importância de identificar o estágio de maturidade do mentorado.
- Como ajudar o mentorado a sair da zona de conforto com segurança.

Como aplicar na prática:

- Observe o nível de autonomia do mentorado e adapte sua abordagem.
- Combine metas realistas com o mentorado, de curto e médio prazo.
- Use perguntas reflexivas para estimular a autodescoberta.

Erros comuns a evitar:

- Tratar todos os mentorados da mesma forma.
- Impor seu ritmo ou expectativas.
- Ignorar sinais de bloqueio, insegurança ou falta de escuta.

Desafio para você:

Escolha um mentorado e escreva 3 pontos fortes e 3 pontos a desenvolver. Depois, valide com ele: essa percepção é mútua?

Ferramentas Recomendadas do Kit do Mentor – Parte 4

Para aprofundar seu processo de preparação como mentor, com foco em autoconhecimento e propósito, explore os recursos práticos da Parte 4 no Kit do Mentor:

Ferramenta	**Finalidade**
Mapa de Autoconhecimento do Mentor	Identifique forças, fraquezas, valores e áreas de desenvolvimento.
Questionário de Inteligência Emocional	Avalie sua percepção, empatia, autocontrole e habilidades relacionais.
Diário Reflexivo (modelo)	Estruture suas reflexões após cada sessão de mentoria.
Painel de Inspirações (Frases-Chave)	Conecte conceitos de Jung, Brené Brown e outros à prática cotidiana.

Todas as ferramentas estão disponíveis gratuitamente em:
www.atitudeinfinita.org/kitdomentor

Parte 5 – Competências em Ação: Habilidades do Mentor na Prática

"O mentoring ousado do Anderson foi a interação mais influente e próspera da minha carreira em 20 anos na área de TI. Com uma energia contagiante e uma escuta refinada, ele me ajudou a dar passos estruturados, sempre provocando novas formas de pensar. É raro encontrar um profissional tão completo."

– Rodrigo Sorbara, Senior Technical Specialist, Microsoft – San Francisco, US

Introdução: Por que falar de competências?

Ao aceitar o chamado da mentoria, o mentor se compromete não apenas com a intenção de ajudar, mas também com o aperfeiçoamento contínuo de suas capacidades. Ser mentor não é apenas ter experiência, é saber colocá-la em prática com consciência, sensibilidade e responsabilidade. Para isso, é essencial compreender quais competências o definem como mentor e como elas impactam diretamente a jornada do mentorado.

As competências são o elo entre o conhecimento que acumulamos e a transformação que somos capazes de provocar. Elas não se limitam ao saber técnico de uma área, mas incluem nossa postura, nossas atitudes, e a maneira como nos relacionamos com os outros. Um mentor pode ter anos de vivência em sua profissão, mas se não desenvolver habilidades humanas como empatia, escuta ou clareza na comunicação, sua mentoria dificilmente será transformadora.

Neste capítulo, convidamos você a olhar com atenção para suas competências técnicas e humanas, reconhecendo forças, identificando lacunas e traçando um caminho de evolução. O objetivo não é ser perfeito, mas consciente. Saber onde você atua com excelência, onde pode contribuir mais e, ao mesmo tempo, saber onde precisa aprender, buscar apoio ou evoluir.

A mentoria é, acima de tudo, um processo relacional e intencional. E quando o mentor compreende suas competências e as usa com autenticidade, o impacto na vida do mentorado é potencializado.

Vamos, juntos, mergulhar nesse mapeamento.

Habilidades Técnicas: Transformando Conhecimento em Ação

As habilidades técnicas são aquelas que traduzem o conhecimento acumulado ao longo da vida profissional em ações concretas que agregam valor ao mentorado. Elas envolvem domínio de ferramentas, métodos, processos, técnicas e conteúdos específicos da área de atuação do mentor. São o alicerce do *"saber fazer"* que o mentor compartilha de forma aplicada e estratégica.

Em uma mentoria, o saber técnico tem um papel claro: guiar o mentorado na resolução de desafios, no planejamento de metas, na análise de cenários e no desenvolvimento de soluções. Mas atenção: técnica sem empatia vira palestra. Técnica com presença vira transformação.

Abaixo estão listadas as principais habilidades técnicas que um mentor pode desenvolver, com breves descrições que ajudam na reflexão e no autodiagnóstico:

- **Conhecimento Específico da Indústria**: conhecimento aprofundado sobre o setor em que atua (ex: saúde, direito, educação, engenharia), com capacidade de traduzir conceitos, tendências e desafios específicos para o mentorado.
- **Habilidades Analíticas**: capacidade de interpretar dados, indicadores ou situações complexas para orientar decisões mais conscientes e embasadas.
- **Gestão de Projetos**: domínio de metodologias de planejamento, execução e acompanhamento de projetos, como ágil, scrum, kanban ou tradicionais.
- **Competências Digitais**: fluência no uso de ferramentas digitais (Excel, Power BI, Trello, CRM, Notion, etc.), plataformas online e soluções tecnológicas aplicadas ao seu campo de atuação.
- **Conhecimento Técnico Específico**: domínio de técnicas, linguagens de programação, softwares ou processos diretamente ligados à sua área de especialização.
- **Compreensão de Processos de Negócios**: entendimento sistêmico do funcionamento de uma organização: ciclo de vendas, finanças, operações, atendimento, entre outros.
- **Comunicação Técnica**: capacidade de explicar conteúdos complexos com clareza e adaptação ao público, facilitando o aprendizado e a aplicação prática pelo mentorado.
- **Resolução de Problemas Técnicos**: habilidade de diagnosticar e resolver questões técnicas ou operacionais com pensamento estruturado, metodologias e criatividade.
- **Acompanhamento de Tendências Tecnológicas**: atualização constante sobre novas ferramentas, tecnologias emergentes e transformações que impactam sua área profissional.
- **Mentoria em Ferramentas e Softwares**: habilidade de ensinar o uso prático de ferramentas específicas, com foco em capacitar o mentorado para uso autônomo e estratégico.

Essas habilidades técnicas não apenas agregam valor ao processo de mentoria, mas também aumentam a segurança e a credibilidade do mentor diante do mentorado. Elas são construídas com prática, atualização constante e disposição para compartilhar.

Depoimento do Mentorado – Anderson Gobbi

O que aprendi com Muris Saab segue comigo até hoje

Ao longo da minha trajetória, tive a sorte de contar com mentores que não apenas me orientaram tecnicamente, mas também me desafiaram a reconhecer e aprimorar minhas próprias competências. Uma dessas experiências marcantes aconteceu com Muris Saab — amigo e mentor, com quem compartilhei não só momentos profissionais, mas uma verdadeira conexão de confiança e respeito mútuo.

Essa vivência foi decisiva em um dos momentos mais importantes da minha carreira: a transição de uma atuação técnica para a gestão de projetos globais. O Muris, com sua escuta generosa, sua orientação precisa e sua forma única de transmitir segurança, me ensinou que **as competências essenciais de um mentor se manifestam muitas vezes nos pequenos gestos — na forma como simplificamos o complexo, validamos capacidades e empoderamos o outro para agir com autonomia.**

A seguir, compartilho como ele me ajudou a transformar um desafio profissional em um marco de crescimento — e como esse aprendizado, até hoje, guia minha forma de liderar projetos e pessoas.

Há cerca de dez anos, fiz uma transição significativa em minha carreira: deixei a atuação técnica para assumir uma posição formal em gestão de projetos na empresa onde trabalhávamos. Naquela época, o Muris já acumulava vasta experiência liderando projetos de alto impacto em escala global. Ele acompanhou todo o meu processo de transição, oferecendo suporte, conselhos e, acima de tudo, confiança.

Ainda como engenheiro, tive a oportunidade de liderar um projeto complexo com mais de 200 colaboradores distribuídos por diferentes países, culturas e fusos horários. Foi um verdadeiro laboratório de **gestão de equipes multiculturais**, **resolução de conflitos**, **comunicação estratégica** e **alinhamento de stakeholders globais**. Essa vivência foi um divisor de águas na minha carreira: além do impacto gerado, tornou meu trabalho visível para a liderança da área global de portfólio, que acabou me convidando para integrar o time como gestor.

Ao iniciar a transição, procurei o Muris com um misto de entusiasmo e apreensão. Queria entender melhor o que esperavam de mim naquela nova função, quais seriam as mudanças em minha rotina, as responsabilidades envolvidas e — como bom aluno — quais metodologias, frameworks e ferramentas eu deveria dominar para estar à altura do desafio. Perguntei diretamente:

"Quais frameworks ou metodologias devo aprender para gerir esses novos projetos? Há alguma ferramenta obrigatória? Algum treinamento essencial?"

A resposta dele me pegou de surpresa — como, aliás, é típico do Muris:

"Nenhum. Não tem nenhum framework ou metodologia que você precise aprender agora. Você foi convidado porque já demonstrou capacidade real de entregar. Continue fazendo exatamente o que já está fazendo."

Mesmo assim, insisti:

"Mas não existe uma forma, uma abordagem usada para gerenciar projetos nessa estrutura global?"

Ele então completou:

"Existe sim. E você já está usando. Gestão de projetos, em essência, se resume a três elementos: **Entrega** (o que precisa ser feito), **Prazo** (quando precisa estar pronto), e **Recursos** (o que você precisa para entregar). Se você consegue definir e equilibrar esses três pilares, está fazendo gestão de projeto. E é isso que você tem feito com excelência."

Aquela orientação me marcou profundamente. Muris me ensinou que por trás de toda a complexidade aparente da gestão moderna, **há uma simplicidade essencial que não pode ser perdida de vista**. Sua abordagem prática e direta me deu segurança para confiar mais no meu próprio julgamento e nas competências que já havia desenvolvido. Aprendi que metodologias como PMBOK, Scrum ou OKRs são importantes, sim — mas que são **meios, não fins**. O verdadeiro diferencial está na **intencionalidade com que conduzimos as entregas**, na **capacidade de escuta ativa**, e no uso da **empatia como ferramenta estratégica** para liderar pessoas e resolver problemas.

Anos se passaram desde aquele momento. E, em uma de nossas conversas mais recentes, Muris me trouxe uma situação complexa e pediu minha opinião. Ao final da conversa, ele comentou com um sorriso:

"Muito legal a forma como você simplificou esse problema. Eu não tinha enxergado por esse ângulo."

Eu sorri e respondi na hora:

"Sabe de onde eu tirei isso? De um amigo que me ensinou lá atrás a enxergar o essencial por trás da complexidade. Esse amigo é você."

Essa troca diz muito sobre o poder da **mentoria corporativa genuína** — aquela que não segue fórmulas prontas, mas parte da experiência real, da confiança construída ao longo do tempo, e do desejo autêntico de contribuir com o crescimento do outro. **Quando mentor e mentorado se conectam com empatia, propósito e intenção, o impacto vai muito além de uma entrega bem-sucedida: ele transforma pessoas.**

> "Um bom mentor não entrega fórmulas prontas — ele revela o essencial, valida sua capacidade e te encoraja a confiar no que já sabe fazer."

Na próxima seção, exploraremos um tipo de habilidade ainda mais determinante para a profundidade da relação entre mentor e mentorado: as habilidades humanas.

Habilidades Humanas: A Arte de Conectar e Inspirar

Se as habilidades técnicas ajudam o mentor a orientar o que fazer, as habilidades humanas sustentam *como fazer* — e principalmente *como se relacionar*. Elas são a base de qualquer processo de mentoria bem-sucedido, pois conectam o conhecimento à confiança, à empatia e ao vínculo de crescimento mútuo.

Também chamadas de *soft skills*, essas habilidades não são "menores" — muito pelo contrário. São as que definem se o mentor será lembrado apenas como alguém que deu conselhos… ou como alguém que transformou vidas.

A seguir, destacamos as principais habilidades humanas que fortalecem o papel do mentor:

- **Empatia**: capacidade de se colocar no lugar do outro com genuíno interesse por suas dores, motivações e história. É o ponto de partida da confiança.
- **Escuta Ativa**: mais do que ouvir, é demonstrar presença total na conversa. Inclui validar sentimentos, fazer perguntas relevantes e respeitar o tempo do outro.
- **Organização**: capacidade de planejar a jornada de mentoria, estruturar os encontros e acompanhar o progresso com consistência e clareza.
- **Relacionamento Interpessoal**: facilidade para criar vínculos com diferentes perfis, promovendo diálogo aberto, respeito e colaboração.
- **Liderança**: influência positiva exercida pelo exemplo. Um mentor lidera ao inspirar autonomia, responsabilidade e propósito em seu mentorado.
- **Capacidade de Observação**: atenção sensível aos detalhes. Um mentor atento percebe talentos ocultos, mudanças de comportamento e oportunidades de desenvolvimento.
- **Feedback Construtivo**: saber dizer o que precisa ser dito de forma respeitosa, clara e motivadora. O feedback bem conduzido é uma poderosa ferramenta de crescimento.
- **Adaptação**: flexibilidade diante de mudanças de contexto, perfis de mentorados, desafios ou imprevistos no processo de mentoria.
- **Comunicação Clara**: expressar ideias com simplicidade, coerência e impacto. Saber ensinar de forma que o outro compreenda é uma habilidade valiosa.
- **Conhecimento da Área de Atuação**: vivência prática que permite ao mentor contextualizar seus conselhos com histórias reais, boas práticas e aprendizados de sua trajetória.
- **Inteligência Emocional**: reconhecer e gerir emoções próprias e do mentorado, cultivando equilíbrio emocional nas interações.
- **Resolução de Conflitos**: capacidade de lidar com divergências, tensões ou ruídos na comunicação, promovendo escuta ativa e soluções colaborativas.

Essas habilidades são desenvolvidas ao longo da vida e lapidadas na convivência. Elas não exigem perfeição — exigem presença. Mentores conscientes se dedicam continuamente a expandir sua escuta, fortalecer sua empatia e liderar com humildade.

Depoimento do Mentor – Anderson Gobbi

Quando a escuta vira ponte: o encontro transformador com Rafaella

O caso da Rafaella é um exemplo vivo do que significa uma mentoria de verdade: um caminho de duas vias, onde não apenas o mentor orienta, mas também aprende, cresce e se transforma.

Logo na nossa primeira sessão, Rafaella compartilhou, com uma naturalidade admirável, que era autista. A forma como ela comunicava isso não era um pedido de atenção ou um aviso de limitação. Era uma constatação serena, como quem entrega um mapa e diz: "Este é o meu território. Está disposto a caminhar por ele comigo?"

Naquele instante, percebi que essa não seria uma mentoria comum. Apesar da minha longa experiência com jovens, a Rafaella me desafiava a um outro nível de escuta — **mais atento, mais livre de pressupostos e mais afinado com o silêncio entre as palavras do que com as palavras em si.** Ela me convidava a sair da zona de conforto da escuta automática, e a entrar na escuta genuína, sem filtros.

Intelectualmente brilhante, Rafaella tinha uma lógica impecável, raciocínio preciso e um senso de organização extraordinário. Mas havia algo que parecia nos separar: os **campos subjetivos** — as emoções, os sonhos, as metáforas e os rituais sociais que permeiam grande parte das conversas entre mentor e mentorado.

Quando perguntei a ela:

— "Qual é o seu sonho?"

ela respondeu com uma honestidade que me desarmou:

— "Eu não sei o que significa isso exatamente."

Naquele momento, algo dentro de mim se deslocou. Não como quem encontra uma dificuldade, mas como quem enxerga uma **nova paisagem possível.** Rafaella me mostrava, com sua lucidez, que "sonhar" não é um conceito universal. **O que para mim era um impulso natural, para ela era uma abstração desconfortável.** E isso não diminuía sua humanidade — ao contrário, a engrandecia.

A partir dali, nossa mentoria se tornou uma construção diária de **pontes simbólicas.** Criamos nossa própria linguagem, nossa forma de conexão. E como toda ponte verdadeira, ela foi feita com paciência, respeito e curiosidade mútua.

Com o tempo, a confiança cresceu. Ela passou a dividir mais de si, e eu mais de mim. Descobri que o papel do mentor não é apenas ensinar, mas **se permitir ser transformado pelo**

encontro com o outro. E que há aprendizados que só se revelam quando saímos do eixo da "normalidade" e nos abrimos à diversidade radical da experiência humana.

Reflexão: mentoria como espaço de alteridade e escuta plural

Na filosofia, autores como Emmanuel Lévinas destacam que **o rosto do outro nos interpela** — ele nos convida à responsabilidade ética, à escuta real, ao abandono do ego como centro da verdade. A psiquiatria contemporânea, por sua vez, tem avançado na valorização das diferentes formas de neurodivergência, não como patologias a serem corrigidas, mas como **modos legítimos de ser no mundo**. A escuta do mentor, nesse contexto, deve ser ativa, mas também afetiva. Técnica, mas também empática.

Rafaella me ensinou — e continua ensinando — que **mentorar é encontrar a pessoa onde ela está, e não onde gostaríamos que ela estivesse.** É respeitar os códigos que ela utiliza para viver, amar, criar, organizar, sonhar (ainda que de outra forma).

Hoje, nossa relação já transcendeu o vínculo formal. Seguimos em conexão como parceiros de uma jornada única, marcada por confiança, crescimento mútuo e muito afeto.

E posso afirmar, com toda a clareza:

Rafaella não mudou apenas minha forma de mentorar. Ela mudou minha forma de ver o mundo.

> "Mentorar é encontrar a pessoa onde ela está, e não onde gostaríamos que ela estivesse."

Na seção seguinte, proporemos um exercício prático de mapeamento para que você, mentor ou aspirante a mentor, possa identificar e refletir sobre suas competências atuais.

Plano de Desenvolvimento Contínuo: Crescendo como Mentor

Ser mentor é assumir o compromisso com o desenvolvimento do outro — e também consigo mesmo. Um bom mentor está sempre aprendendo. Esta seção ajuda você a transformar o mapeamento anterior em um plano prático de crescimento contínuo.

1. Defina metas de desenvolvimento

Com base no seu mapeamento de competências:

- Escolha duas habilidades técnicas e duas habilidades humanas que você deseja fortalecer nos próximos 3 a 6 meses.
- Escreva uma frase para cada meta, por exemplo:
    - o "Quero aprofundar meu conhecimento em análise de dados com Power BI."
    - o "Quero melhorar minha escuta ativa em conversas delicadas."

2. *Busque recursos confiáveis*

Identifique cursos, leituras ou vivências que podem te ajudar a desenvolver essas habilidades. Exemplos:

- Cursos online (Plataformas como Coursera, edX, Alura, Fundação Estudar, Sebrae)
- Mentorias reversas (aprender com alguém mais jovem ou de outra área)
- Grupos de estudo ou comunidades como a própria Atitude Infinita
- Livros como:
    - o *"Mindset"*, de Carol Dweck (desenvolvimento pessoal)
    - o *"Liderança com Base na Confiança"*, de Stephen M. R. Covey
    - o *"Coaching para Performance"*, de John Whitmore

3. *Coloque em prática*

Aprender exige prática deliberada. Use oportunidades reais de mentoria para:

- Testar novas ferramentas e abordagens.
- Observar o impacto das suas interações.
- Pedir feedback aos mentorados e colegas mentores.

4. *Registre e reflita*

Crie um diário ou log de mentoria para anotar:

- O que funcionou bem em cada sessão.
- O que poderia ter feito diferente.
- Insights que surgiram durante os encontros.

Essa prática favorece a **aprendizagem reflexiva**, que fortalece a consciência crítica sobre sua atuação como mentor.

5. Encontre um mentor para você

Todo mentor também se beneficia ao ser mentorado. Busque alguém com mais experiência em sua área, ou que possua habilidades que você quer desenvolver. Essa troca acelera seu crescimento e amplia sua perspectiva.

Dica bônus: Defina um "dia do mentor" mensal — uma data específica para revisar seu progresso, atualizar seu plano e buscar novas fontes de aprendizado.

"Mentorar é um ato de humildade e evolução constante. Quanto mais nos desenvolvemos, mais temos a oferecer."

Na próxima e última seção, faremos um convite direto à ação, reforçando o compromisso de quem deseja deixar um verdadeiro legado como mentor.

Exercício Prático + Kit do Mentor

Ative suas Competências como Mentor

As competências de um bom mentor vão muito além do conhecimento técnico. Elas incluem empatia, escuta ativa, clareza, curiosidade, generosidade e coragem.

Agora é hora de mapear suas forças e áreas de desenvolvimento. Responda:

- Quais **competências técnicas** você domina e pode transmitir com confiança?
- Quais **habilidades humanas** você aplica naturalmente ao orientar outras pessoas?
- Quais **comportamentos ou atitudes** ainda deseja desenvolver como mentor?
- que você tem aprendido nas sessões que já conduziu — e como pode evoluir?

Use as ferramentas práticas do Kit do Mentor para apoiar esse diagnóstico e transformar reflexões em ação:

- **Baralho de Competências** – Explore cada habilidade essencial do mentor e reflita sobre como ela se manifesta no seu dia a dia.
- **Quiz de Autodiagnóstico** – Avalie seu perfil atual como mentor, identifique lacunas e defina prioridades de desenvolvimento.
- **Diário de Sessões** – Registre aprendizados, desafios e insights a cada encontro com seu mentorado.

Todos os materiais estão disponíveis gratuitamente em:
www.atitudeinfinita.org/kitdomentor

Resumo da Parte 5 – Competências do Mentor

Assumir o papel de mentor exige mais do que experiência: exige intenção, disponibilidade e o compromisso de crescer enquanto se contribui para o crescimento do outro. Nesta parte, exploramos como mapear, desenvolver e aplicar habilidades técnicas e humanas para gerar impacto real nas relações de mentoria.

Ao reconhecer suas competências e investir no próprio aprimoramento, o mentor se prepara para transformar vidas — inclusive a sua. Habilidades são as ferramentas, mas é a intenção que sustenta a prática. Na mentoria, quem apoia também é fortalecido. Ser mentor é, acima de tudo, uma jornada de generosidade, aprendizado e legado.

Nas próximas páginas, vamos explorar como transformar esse preparo em ação: como planejar, conduzir e sustentar sessões de mentoria que realmente fazem a diferença.

Seu papel como mentor está em construção constante — e cada novo passo começa com intenção, presença e propósito. **Vamos juntos?**

Ferramentas Recomendadas do Kit do Mentor – Parte 5

Para aplicar as competências descritas nesta parte e organizar seu plano de desenvolvimento, acesse os materiais da Parte 5 no Kit do Mentor:

Ferramenta	Finalidade
Planilha de Mapeamento de Competências	Avalie e organize suas habilidades técnicas e humanas como mentor.
Plano de Desenvolvimento Contínuo (modelo)	Estruture metas e ações para evoluir de forma intencional.
Checklist de Habilidades-Chave do Mentor	Revise e monitore as principais competências exigidas nas sessões.

Todas as ferramentas estão disponíveis gratuitamente em:
www.atitudeinfinita.org/kitdomentor

Parte 6 – A Construção da Relação de Mentoria

"Recebi muito apoio e muitas portas foram abertas desde que conheci o Anderson. Ele acreditou em mim quando eu mesma não acreditava. Com ele, aprendi que errar faz parte, mas desistir não. Tudo o que aprendi na mentoria levo também para a vida."

– Estela Franco, Customer Service Representative, Homestaymatch.com

Construir uma relação sólida de mentoria é como lançar os alicerces de uma parceria transformadora. Mentor e mentorado precisam, desde os primeiros encontros, cultivar conexão e confiança genuínas. Sem confiança mútua, dificilmente a mentoria atingirá seu potencial pleno. Por isso, criar um ambiente acolhedor, respeitoso e transparente é fundamental para que ambos se sintam seguros em compartilhar desafios, objetivos e até vulnerabilidades. A confiança não surge do dia para a noite: ela se desenvolve com pequenos gestos consistentes, como cumprir acordos, manter confidencialidade e demonstrar interesse autêntico pelo outro. Esses passos iniciais pavimentam o caminho para uma aliança de aprendizado frutífera.

Etapas para Criar Conexão e Confiança

Para estabelecer conexão e confiança, alguns princípios-chave servem de guia: autenticidade, escuta ativa, empatia e coerência. Ser autêntico significa que o mentor não precisa fingir perfeição ou ter todas as respostas, pelo contrário, admitir limitações e compartilhar experiências reais (incluindo fracassos) demonstra humanidade e aproxima o mentorado. Grandes mentores abraçam a vulnerabilidade ao contar suas próprias histórias de aprendizado, o que encoraja o mentorado a se abrir também. Além disso, a escuta ativa é uma das ferramentas mais poderosas na construção de confiança. Envolver-se verdadeiramente na fala do mentorado – mantendo presença total, sem interrupções e com mente aberta – faz com que ele se sinta valorizado e compreendido. Práticas como fazer perguntas abertas, validar os sentimentos do mentorado e refletir de volta o que foi ouvido fortalecem o vínculo de maneira notável. Estudos mostram que esse tipo de escuta não apenas aprimora a relação mentor-mentorado, mas também traz resultados concretos: por exemplo, empresas que implementaram a escuta ativa na mentoria observaram redução significativa na rotatividade de funcionários e aumento no engajamento.

Demonstrar empatia é outro pilar: colocar-se no lugar do mentorado para entender suas perspectivas. Quando o mentor acolhe sem julgamentos e busca realmente sentir as preocupações e aspirações do outro, cria-se um laço de confiança difícil de romper. Muitos programas de mentoria bem-sucedidos treinam mentores nesse sentido, pois reconheceram que a empatia pode aumentar drasticamente os resultados. Uma pesquisa de Harvard indicou que a empatia em relações de mentoria pode elevar em até 50% a retenção de talentos nas organizações. Ou seja, quando o mentor demonstra compreensão genuína, o mentorado tende a se engajar mais e por mais tempo. Grandes organizações, como a IBM, estruturam seus programas de mentoria em torno da escuta ativa e do entendimento profundo das necessidades dos mentorados. Nessas iniciativas, mentores são capacitados a desenvolver empatia por meio de exercícios de se colocar no lugar do outro, entendendo suas experiências e perspectivas. Para qualquer mentor, dedicar tempo a ouvir ativamente, fazer perguntas **poderosas** e criar um espaço seguro para que o mentorado revele suas verdadeiras preocupações é fundamental. Essa abordagem não só fortalece a relação, mas também potencializa o aprendizado e a evolução de ambos os lados.

Outro componente essencial da confiança é a coerência entre palavra e ação. O mentor deve cumprir o que promete, por exemplo, se comprometer-se a enviar um material ou realizar um contato para ajudar o mentorado, deve fazê-lo no prazo combinado. Essa consistência demonstra comprometimento e respeito. Igualmente, pontualidade nos encontros, preparo prévio para as sessões e atenção plena durante as conversas comunicam ao mentorado que ele é prioridade naquele momento. Pequenas atitudes como essas, repetidas de forma consistente, vão sedimentando a confiança. Com o tempo, mentor e mentorado passam a se ver como **aliados** no percurso de desenvolvimento, e não apenas participantes formais de um programa.

Aliança de Aprendizagem e Pacto Relacional

Uma relação de mentoria bem-sucedida pode ser entendida como uma aliança de aprendizagem. Esse conceito traduz a ideia de que mentor e mentorado formam uma parceria de crescimento mútuo, onde ambos refletem, aprendem e se desenvolvem juntos. Diferentemente de uma relação hierárquica professor-aluno tradicional, na mentoria há sinergia: ainda que o mentor compartilhe conhecimentos e experiências, ele também aprende com o mentorado – seja adquirindo novas perspectivas, domínio de tecnologias atuais ou mesmo aprofundando sua capacidade de liderança. Mentoria é, essencialmente, uma parceria: uma via de mão dupla em que o aprendizado ocorre nos dois sentidos. O especialista Simon Sinek certa vez destacou que mentores aprendem tanto quanto ensinam em uma boa relação de mentoria. Essa mentalidade de crescimento bilateral reforça a humildade e a abertura em ambos os lados.

Para que essa aliança de aprendizagem floresça, é importante firmar um pacto relacional logo no início da jornada. Esse "pacto" pode ser explícito ou tácito, mas deve ser baseado na honestidade, respeito mútuo e abertura para o diálogo. Em outras palavras, mentor e mentorado estabelecem entre si acordos de convivência que favorecem conversas profundas e autênticas, indo além de superficialidades. Um pacto relacional sólido inclui também o compromisso com a confidencialidade, tudo que for discutido permanece em sigilo, gerando um espaço de confiança total. Quando mentor e mentorado se sentem seguros de que podem falar abertamente, sem medo de julgamentos ou exposições indevidas, tópicos relevantes e, às vezes, delicados podem ser trazidos à tona. Assim, dilemas pessoais e profissionais importantes são trabalhados em conjunto, fortalecendo ainda mais a relação e ampliando os resultados da mentoria. Conforme destaca uma fonte, estabelecer um acordo de comunicação pautado na honestidade e respeito permite emergir conversas mais profundas, tocando nas questões realmente significativas para o crescimento do mentorado. Esse clima de confiança mútua é a melodia que marca o ritmo da mentoria, dando o tom para um aprendizado transformador.

Vale mencionar que esse pacto relacional muitas vezes inclui um elemento de vulnerabilidade: ambas as partes concordam em baixar a guarda. O mentor reconhece que a relação de mentoria, embora poderosa, é também delicada e vulnerável, exigindo cuidado. Ele se dispõe a servir ao mentorado com responsabilidade, respeito e integridade, escolhendo sempre o caminho que promova o bem-estar e o crescimento do mentorado. Já o mentorado, por sua vez, compromete-se a ser honesto sobre suas dúvidas, dificuldades e ambições. Quando há essa entrega mútua, cria-se um campo fértil para a aprendizagem – os medos podem ser discutidos abertamente, as aspirações ganham voz, e surge uma conexão humana autêntica.

Esse tipo de aliança, baseada em escuta, confiança e desenvolvimento mútuo, é um dos pilares dos programas de mentoria da Atitude Infinita. Por meio dessa abordagem, a organização tem ajudado duplas de mentor e mentorado a construírem relações que ultrapassam o técnico e alcançam o humano, impulsionando não apenas carreiras, mas vidas. Essa vivência prática reforça a importância de investir tempo e intenção no vínculo entre mentor e mentorado desde o início.

Estabelecendo Acordos e Alinhando Expectativas

Tornar explícitos os acordos e expectativas logo no começo do relacionamento de mentoria é uma prática altamente recomendada. Muitas frustrações ou falhas em processos de mentoria decorrem de *desencontro de expectativas*. Por isso, ao iniciar a parceria, mentor e mentorado devem conversar francamente sobre o que cada um espera dessa jornada. Alguns pontos a serem alinhados incluem: frequência e duração dos encontros, canais de comunicação preferidos (e-mail, mensagens, telefone), nível de disponibilidade entre as sessões, limites de confidencialidade, e o papel de cada um (por exemplo, se o mentor será mais um ouvinte que faz perguntas ou se também oferecerá conselhos diretos e orientação técnica). Essa discussão aberta e inicial funciona como um pacto de aprendizado escrito ou verbal, prevenindo mal-entendidos. Recomenda-se que o mentor pergunte ativamente ao mentorado: *"O que você espera de mim como mentor?"* e também exponha *"Aqui está o que você pode esperar da minha parte"*. Ambos os lados devem entrar em acordo sobre aspectos práticos e éticos – por exemplo, combinar que tudo que for dito é confidencial, que haverá sinceridade mútua no feedback, e que, se algo não estiver funcionando, ambos se comprometem a comunicar e ajustar o rumo.

Muitas duplas de mentoria optam por formalizar essas diretrizes em um acordo de mentoria escrito, especialmente em programas organizacionais. Esse acordo nada mais é do que um documento (ou um e-mail resumindo) que descreve os objetivos, expectativas e responsabilidades de cada parte. Pode parecer burocrático, mas serve para clarificar o propósito da mentoria, estabelecer limites e assegurar um entendimento mútuo do relacionamento. Um acordo realista e eficaz é personalizado às necessidades e estilos da dupla, considerando a disponibilidade de tempo do mentor, o nível de experiência de ambos e a forma de feedback preferida. Nele, costuma-se incluir elementos como: objetivos principais da mentoria (por exemplo, desenvolvimento de liderança do mentorado, transição de carreira, etc.), frequência dos encontros (quinzenal, mensal), duração prevista do relacionamento (três meses, seis meses, um ano), acordos de confidencialidade e honestidade, e formas de avaliar o progresso. Colocar tudo isso no papel pode ajudar a formalizar e consolidar o comprometimento de ambos. Além disso, servir de referência no futuro caso seja necessário revisar se a mentoria está caminhando conforme combinado.

Um aspecto central desse alinhamento inicial é a definição conjunta de objetivos. Mentor e mentorado devem discutir e esclarecer *o que o mentorado deseja aprender, melhorar ou alcançar* com a ajuda do mentor. Esses objetivos, para serem úteis, precisam ser específicos e mensuráveis. Uma dica prática é utilizar a metodologia **SMART** – metas Específicas, Mensuráveis, Alcançáveis, Relevantes e Temporais. Por exemplo, em vez de um objetivo vago como "desenvolver habilidades de liderança", pode-se estabelecer: "Conduzir com sucesso um projeto X envolvendo equipe de Y pessoas até o final do ano, melhorando a comunicação e o engajamento da equipe medidos por feedback 360°". Assim, tanto mentor quanto mentorado têm clareza do alvo a ser atingido e podem acompanhar o progresso ao longo do tempo. O mentor pode ajudar o mentorado a refinar essas metas, questionando prioridades e garantindo que sejam realistas. Ao mesmo tempo, é importante priorizar junto com o mentorado: quais objetivos são mais urgentes ou têm maior impacto? A definição de metas alinhadas cria um senso de direção para a mentoria – cada sessão poderá ser planejada visando aproximar o mentorado desses objetivos traçados.

Além dos objetivos do mentorado, vale alinhar também objetivos e limites do mentor. Por exemplo, se o mentor espera que o mentorado realize tarefas entre os encontros (como leituras ou exercícios práticos), isso deve ser combinado. Se o mentor não se sente confortável em abordar certos tópicos (digamos, questões muito pessoais fora do contexto profissional), isso também deve ser dito claramente. Essa transparência evita situações embaraçosas e aumenta a confiança, pois demonstra maturidade e profissionalismo de ambos os lados. Lembre-se: *mentoria não é telepatia* – o não dito pode gerar suposições erradas. Portanto, explique e negocie tudo que for relevante. Como recomendado por especialistas, é crucial discutir como serão trocados feedbacks, como lidarão com desafios ou conflitos que possam surgir e qual será a postura de cada um diante disso. Essa honestidade desde o princípio constrói um alicerce de respeito e colaboração.

Uma vez firmado esse contrato psicológico (ou mesmo formal), a dupla deve se comprometer a revisá-lo periodicamente. As circunstâncias podem mudar: objetivos podem ser atingidos mais cedo, ou novos desafios podem surgir, exigindo replanejamento. Marcar um ponto de controle – por exemplo, a cada três meses – para revisar expectativas e metas é saudável. Nessa revisão, podem usar um checklist ou questionário para avaliar o relacionamento de mentoria e identificar pontos fortes e fracos. Perguntas como "Estamos conseguindo nos encontrar com a frequência combinada?", "As sessões têm sido úteis para alcançar os objetivos?", "O que poderíamos fazer diferente para melhorar?" são úteis nessa reflexão conjunta. Ajustes podem então ser feitos no acordo, demonstrando flexibilidade e compromisso contínuo com a eficácia da mentoria.

Histórias de Mentoria Transformadora

Ao longo da história e do mundo dos negócios, existem inúmeros exemplos inspiradores de relações de mentoria que transformaram vidas e carreiras. Essas histórias ilustram na prática o poder de uma relação de confiança entre mentor e mentorado, servindo também como metáforas e aprendizados para quem trilha esse caminho.

Um caso emblemático é o de **Oprah Winfrey** e **Maya Angelou**. Oprah, uma das comunicadoras mais bem-sucedidas do mundo, atribui grande parte de sua sabedoria e sucesso à mentoria que recebeu da doutora Maya Angelou, renomada poetisa e ativista. Oprah conheceu Maya nos anos 1970, quando ainda era jovem e estava no começo de sua carreira. A conexão entre elas foi imediata – Oprah já admirava Maya por seus escritos (como o livro *I Know Why the Caged Bird Sings*) e encontrou nela uma guia para a vida. Com o tempo, Maya Angelou se tornou para Oprah uma "mentora-mãe-irmã-amiga", nas palavras da própria apresentadora. Oprah já declarou que Maya foi a maior mentora que ela já teve, e uma das maiores influências em sua vida. A sabedoria de Maya – transmitindo lições como *"as ações falam mais alto que as palavras"* e ensinando Oprah a valorizar quem demonstra respeito através do comportamento – moldou profundamente a filosofia de vida e trabalho de Oprah. Essa relação exemplar mostra como a mentoria vai muito além de dicas profissionais: trata-se de formar caráter, transmitir valores e incentivar a perseguir propósitos elevados. Oprah credita muitas de suas conquistas à orientação e conselho de Maya Angelou, comprovando que mesmo pessoas de enorme talento beneficiam-se de ter alguém mais experiente acreditando nelas e oferecendo perspectiva.

No mundo da tecnologia, um exemplo famoso é a amizade-mentoria entre **Steve Jobs** e **Mark Zuckerberg**. No início do Facebook, Zuckerberg buscou conselhos de Steve Jobs, cofundador da Apple. Jobs não era apenas um ícone para Zuckerberg – tornou-se um mentor informal. Em encontros discretos, Steve Jobs teria orientado Mark a sempre reconectar-se com sua missão original quando enfrentasse dificuldades ou distrações no caminho. Jobs até compartilhou com Zuckerberg experiências pessoais, como uma viagem a um templo na Índia que o ajudava a ganhar clareza sobre os objetivos da Apple. Após a morte de Steve Jobs em 2011, Zuckerberg agradeceu publicamente dizendo: *"Obrigado por mostrar que o que você constrói pode mudar o mundo... Obrigado por ser um mentor e amigo"*. Esse caso ilustra que, mesmo entre gigantes empresariais, a mentoria cumpre um papel de norte moral e estratégico, ajudando os mentorados a manter o foco no que realmente importa. A admiração e respeito mútuo que Jobs e Zuckerberg tinham um pelo outro impulsionaram ambos a continuar inovando, cada um à sua maneira.

Outra dupla célebre é **Warren Buffett** e **Bill Gates**. Inicialmente, esses dois titãs relutaram em se conhecer, achando que não teriam muito em comum. Contudo, ao se encontrarem, estabeleceram uma forte conexão. Buffett desafiou Gates a pensar diferente – fez perguntas provocativas sobre negócios e gestão do tempo que ampliaram a visão de Gates. Com Buffett, Gates aprendeu lições preciosas de priorização e gerenciamento de tempo, além de insights sobre filantropia e impacto social. Gates reconhece que Buffett foi fundamental para inspirá-lo a dedicar-se a causas humanitárias com a mesma intensidade que dedicava à Microsoft. Essa relação mostra como um mentor pode expandir os horizontes de um líder já bem-sucedido, encorajando-o a evoluir em novas dimensões (no caso, de magnata da tecnologia a filantropo global). Mentoria, aqui, significou desafiar pressupostos e incentivar a buscar um legado maior para o mundo.

Mesmo fora do mundo dos famosos, há inúmeras histórias anônimas que carregam a mesma essência transformadora. Pense, por exemplo, em um jovem profissional no início de carreira que encontra um mentor experiente dentro da empresa. No começo, talvez o jovem esteja inseguro, com dificuldades de liderança e comunicação. Com a orientação paciente do mentor – que o escuta atentamente, compartilha dicas de carreira e o apresenta a pessoas-chave na organização – esse jovem começa a ganhar confiança e clareza. Pouco a pouco, ele aplica as sugestões, supera desafios específicos (como falar em público ou gerir um projeto pela primeira vez) e floresce em seu potencial. Não é incomum, alguns anos depois, ver esse ex-mentorado ocupar posições de destaque e, melhor ainda, se tornar ele próprio um mentor para outros, dando sequência ao ciclo virtuoso. Essas narrativas, ainda que menos conhecidas, reafirmam que a mentoria tem o poder de mudar trajetórias. Quando há conexão humana, compromisso e conhecimento compartilhado, os resultados podem ser surpreendentes.

Por fim, uma metáfora clássica para a relação de mentoria é a do guia e do viajante. O mentor é como um guia de montanha experiente que acompanha o alpinista (o mentorado) numa escalada desafiadora. O guia não carrega o alpinista nas costas nem escala por ele – seu papel é mostrar os melhores caminhos, orientar nos trechos difíceis e encorajar quando a subida fica árdua. Ele conhece o terreno, já enfrentou tempestades e penhascos antes, então pode alertar sobre perigos ocultos e oportunidades de atalhos. Já o mentorado, o alpinista, precisa fazer o esforço da escalada por si mesmo, mas tem ao lado alguém que inspira confiança por já ter trilhado aquela jornada. Quando ambos chegam ao cume (o objetivo alcançado), compartilham a vista deslumbrante e comemoram juntos. Ambos saem fortalecidos da aventura: o mentorado realizou algo que talvez não conseguisse sozinho, e o mentor tem a satisfação de ter contribuído para aquela conquista – deixando um legado, tal como o nome deste livro sugere. Essa metáfora capta bem a essência da mentoria: é uma parceria em que desenvolvimento e confiança andam de mãos dadas, tornando possível atingir novos patamares.

Histórias como essas não estão apenas nos livros – também surgem em comunidades que promovem mentoria como missão. A Atitude Infinita tem sido palco de centenas de jornadas inspiradoras entre jovens e mentores voluntários, com impactos duradouros em autoestima, perspectivas profissionais e engajamento social. Essa rede tem demonstrado, dia após dia, que uma mentoria consistente e bem conduzida pode transformar realidades – um vínculo de cada vez.

Na Atitude Infinita, essa transformação vai além do impacto no mentorado — ela se estende ao mentor. A vivência contínua da escuta ativa, empatia e presença intencional faz com que cada ciclo de mentoria seja também um ciclo de autoconhecimento e desenvolvimento pessoal para quem mentora.

É comum que, ao acompanhar um jovem em seus dilemas, medos e conquistas, o mentor também se confronte com suas próprias questões: decisões não resolvidas, talentos não explorados, valores esquecidos. Ao guiar o outro, o mentor redescobre caminhos internos. A mentoria se torna um espelho: ao ouvir o outro, o mentor escuta a si mesmo com mais clareza.

Essas vivências na Atitude Infinita reforçam o entendimento de que a mentoria não é um ato unilateral, e sim uma troca profundamente humana. Ali, mentores encontram espaço para refletir, crescer e se lapidar continuamente, ao mesmo tempo em que apoiam a trajetória de alguém. Muitos afirmam que, ao ensinar, aprenderam mais do que imaginavam. Ao acolher, foram acolhidos. Ao provocar transformações, foram transformados.

Diante disso, dizemos que mentorar é um privilégio, e na Atitude Infinita, esse privilégio vem acompanhado de um propósito claro: construir vínculos genuínos que geram impacto coletivo — dentro e fora de cada relação mentor-mentorado.

Sinais de uma Boa Relação de Mentoria

Como saber se uma relação de mentoria está saudável e no caminho certo? Existem sinais claros que indicam uma boa sintonia entre mentor e mentorado:

- **Confiança mútua e respeito**: Ambos se sentem à vontade para ser honestos. O mentorado não teme trazer problemas reais (mesmo erros cometidos ou dúvidas "bobas"), e o mentor fala a verdade com tatilidade, sem receio de ofender porque sabe que há respeito. *Indicador:* o mentorado compartilha não só sucessos, mas também suas dificuldades e vulnerabilidades, confiando na orientação do mentor.
- **Comunicação aberta e frequente**: Há um fluxo de conversa constante. Mentor e mentorado se encontram regularmente conforme combinado e também podem trocar mensagens ou emails breves entre sessões para alinhamentos rápidos. Nenhum dos dois

"some" ou fica sem dar notícias por longos períodos. *Indicador:* existe um calendário de encontros definido e cumprido, e ambos participam ativamente das conversas.

- **Alinhamento com os objetivos**: As conversas têm propósito e mostram progresso em direção às metas traçadas. Mentor e mentorado têm clareza das metas definidas e a cada sessão conseguem conectar o que foi discutido com pelo menos um desses objetivos. *Indicador:* o mentorado consegue apontar algumas realizações ou aprendizados concretos obtidos graças à mentoria (por exemplo: melhorou uma habilidade, atingiu uma meta intermediária, tomou uma decisão importante embasada no diálogo com o mentor).
- **Empatia e compreensão**: Sente-se empatia de ambos os lados. O mentor demonstra verdadeira compreensão das aspirações do mentorado e celebra suas conquistas; o mentorado, por sua vez, reconhece os conselhos e tempo dedicados pelo mentor e valoriza isso. *Indicador:* há *reciprocidade* – o mentor também aprende ou leva reflexões das sessões, e o mentorado sente que suas emoções são levadas em conta. Muitas vezes, a relação extrapola um pouco o formal e torna-se próxima (sem deixar de ser profissional). Pode surgir um sentimento de amizade ou, pelo menos, de parceria genuína.
- **Presença e dedicação**: Durante os encontros, há presença plena. O mentor não fica distraído em celular ou em outras tarefas, e o mentorado também chega preparado, aproveitando o tempo ao máximo. Ambos demonstram comprometimento – seja chegando no horário, seja trazendo pautas e dúvidas para discutir. *Indicador:* o mentor lembra dos detalhes compartilhados pelo mentorado (por exemplo, faz follow-up de algo dito no encontro anterior), demonstrando atenção real.
- **Feedback construtivo e mão dupla**: O feedback flui nos dois sentidos. O mentor oferece retorno honesto sobre o desempenho e atitudes do mentorado, de forma respeitosa e específica, e também **acolhe o feedback do mentorado** sobre como a mentoria está ajudando ou poderia ser mais útil. *Indicador:* o mentorado consegue citar pontos fortes e a desenvolver que o mentor lhe mostrou, e o mentor já ajustou algo em sua abordagem a partir de comentários do mentorado. Quando o feedback é bem conduzido – específico, oportuno e equilibrado – o mentorado reflete sobre suas ações, reconhece avanços e identifica pontos de melhoria. Esse clima de franqueza construtiva é sinal de relação madura.
- **Crescimento e autonomia**: Com o avançar das sessões, o mentorado demonstra evolução. Pode ser em forma de novas conquistas profissionais, melhoria de comportamentos ou simplesmente mais confiança nas decisões. Ele se torna gradualmente mais autônomo, precisando de menos direcionamento em assuntos que antes tinha grande dependência. O mentor celebra esses progressos e vai ajustando o nível de auxílio conforme o crescimento do mentorado. *Indicador:* eventualmente o mentorado começa a **"andar com as próprias pernas"** em certas áreas, e ambos reconhecem isso como um resultado positivo da mentoria.

Se a maioria desses sinais está presente, parabéns – vocês estão construindo uma relação de mentoria forte e efetiva. Vale notar que uma consequência natural de uma boa relação de mentoria é o crescimento mútuo. Ou seja, não é só o mentorado que ganha; o mentor frequentemente relata que aprendeu coisas novas e se sentiu renovado pelo entusiasmo e perguntas do mentorado. Esse enriquecimento dos dois lados é a marca de uma parceria bem-sucedida.

Lidando com Desafios no Vínculo Mentor–Mentorado

Nenhuma relação, por mais positiva, está livre de desafios. No contexto da mentoria, podem surgir dilemas e dificuldades que testam o vínculo entre mentor e mentorado. O importante é reconhecer esses desafios rapidamente e tratá-los com maturidade, para evitar que minem a confiança construída.

Um desafio comum é o desalinhamento de expectativas, mesmo após o acordo inicial. Às vezes, o mentorado pode esperar que o mentor forneça soluções prontas para todos os seus problemas, quando na verdade o papel do mentor é mais orientar e estimular a reflexão. Por outro lado, o mentor pode esperar que o mentorado tome iniciativa e faça tarefas combinadas, e se frustrar caso isso não ocorra. Quando perceberem qualquer descompasso – por exemplo, o mentorado demonstrando apatia ou o mentor soando exigente demais – conversem abertamente. Reavaliar aquele pacto inicial e reajustar expectativas faz parte do processo. Lembre-se de que a mentoria é uma parceria de troca: se algo não estiver fluindo bem para uma das partes, é importante sinalizar e ajustar o percurso. Muitas vezes, um simples diálogo franco resolve mal-entendidos. Pode-se perguntar: *"Nossas sessões têm atendido suas expectativas? O que podemos fazer de diferente?"* Essa escuta ativa aplicada à própria relação é sinal de profissionalismo e cuidado.

Outro possível obstáculo é a quebra de confidencialidade ou falta de confiança. Se, por exemplo, o mentorado descobrir que algo que contou em privado ao mentor foi divulgado sem consentimento, a confiança poderá ser abalada seriamente. Por isso, o mentor deve ter extremo zelo em manter sigilo sobre as informações do mentorado (salvo nos casos em que haja um acordo diferente, como em programas formais onde certos reportes são necessários). Caso ocorra alguma situação delicada – como o mentorado desconfiar que o mentor tem conflito de interesse ou vice-versa – o melhor caminho é trazer a questão à tona de forma respeitosa. *"Conversei com fulano sobre aquele assunto que tratamos e fiquei preocupado se me expus demais. O que você acha?"* Situações assim podem ser oportunidades para reforçar o pacto de confiança: o mentor pode esclarecer o ocorrido e reafirmar seu compromisso ético. **Transparência** é o antídoto para corrosão da confiança. Se o vínculo for testado, retomar os valores centrais (honestidade, respeito, compromisso) e, se necessário, pedir desculpas e perdoar eventuais falhas, ajuda a reparar a relação.

Desafios também podem vir em forma de falta de tempo ou prioridade. Talvez o mentor enfrente um período de sobrecarga no trabalho e tenha dificuldade em agendar sessões, ou o mentorado passe por uma fase turbulenta que o distraia da mentoria (como mudanças pessoais ou profissionais). Nesses momentos, é importante renegociar. Em vez de simplesmente cancelar vários encontros seguidos (o que esfria a relação), busquem adaptações: reduzir temporariamente a frequência, combinar um intervalo e retomar depois de certo período, ou mesmo trocar mensagens para manter contato no hiato. Mostrem um ao outro que, apesar das dificuldades, a mentoria continua sendo valorizada. *Flexibilidade* e compreensão mútua fazem a dupla superar períodos complicados sem rupturas definitivas.

Outro problema que pode surgir é a falta de engajamento de alguma das partes. O mentor talvez note que o mentorado chega despreparado repetidamente, não faz nenhuma das ações combinadas, ou demonstra desânimo constante. Já o mentorado pode sentir que o mentor está disperso, ou dando conselhos genéricos demais sem se aprofundar em suas questões. Nesses casos, é hora de uma conversa sincera sobre o comprometimento. Avaliem se os objetivos traçados ainda fazem sentido – às vezes a desmotivação vem porque o foco da mentoria não está alinhado com o que o mentorado mais precisa no momento. Ou talvez o estilo adotado não esteja funcionando (por exemplo, o mentor muito diretivo com um mentorado que preferia descobrir soluções por si). Realinhem o plano, perguntem um ao outro o que pode ser feito para melhorar as sessões. Pode ser útil dar um passo atrás e escutar ativamente: entender o que o mentorado está sentindo, ou o que o mentor está percebendo. Juntos, elaborem um plano para recobrar a energia – às vezes incorporar atividades novas, ou acordar metas de curto prazo bem claras para recuperar o senso de progresso.

Caso os desafios persistam e a relação não esteja trazendo frutos, não há vergonha em encerrar a mentoria mais cedo ou buscar um remanejamento (em programas formais) para outro mentor. O importante é que isso seja feito com respeito e aprendizado – mesmo o término antecipado pode ser conduzido de forma elegante, extraindo lições. Por exemplo: *"Acho que nossos horários e prioridades não estão casando bem e isso tem nos impedido de avançar. Talvez seja melhor concluirmos por aqui. Sou grato pelo que trocamos até agora e continuo torcendo por você"* – dita pelo mentor, ou *"A mentoria foi útil neste início, mas sinto que agora preciso de um tipo diferente de ajuda. Agradeço muito sua dedicação e mantenho contato"* – dita pelo mentorado. Palavras de reconhecimento e encerramento positivo preservam a ponte construída. Lembre-se: o objetivo final é o crescimento, e às vezes reconhecer a hora de mudar faz parte desse crescimento.

Princípios de Escuta, Empatia, Presença e Vulnerabilidade

Alguns princípios humanos fundamentais permeiam toda boa relação de mentoria e merecem atenção especial: escuta, empatia, presença e vulnerabilidade. Já mencionamos esses elementos ao longo do capítulo, mas aqui os consolidamos como valores a serem constantemente cultivados pelo mentor.

Escuta ativa é mais do que ouvir palavras – é ouvir com intenção de compreender, sem julgar, e demonstrar ao outro que ele foi compreendido. Um mentor que domina a escuta ativa faz uso de técnicas como *parafrasear* o que o mentorado disse ("Então, se entendi bem, você sente que..."), *fazer perguntas exploratórias* ("Poderia me contar mais sobre como foi essa situação?") e *validar emoções* ("Imagino que tenha sido frustrante para você"). Essas práticas não apenas fortalecem a confiança, mas garantem que as preocupações e aspirações do mentorado sejam realmente captadas e abordadas da forma correta. Empresas e organizações que treinam líderes em escuta ativa veem resultados palpáveis: menos conflitos, mais engajamento e soluções mais criativas, justamente porque as pessoas se sentem ouvidas. Para o mentor, exercitar a escuta ativa significa falar menos e ouvir mais – resistir ao impulso de dar conselhos imediatos, antes de realmente entender o contexto. Muitas vezes, ao ser bem ouvido, o próprio mentorado encontra as respostas em sua fala. A escuta ativa também exige presença plena.

Presença quer dizer estar 100% no momento presente com o mentorado. Parece simples, mas em tempos de distrações digitais e mil urgências, é um presente valioso que o mentor oferece. Estar presente envolve desde ações básicas – silenciar o celular durante a sessão, escolher um local tranquilo – até uma atitude interna de atenção concentrada. O mentor deve se fazer *mentalmente disponível*: guardando por uma hora as suas próprias preocupações para focar genuinamente no universo do mentorado. Quando o mentor está verdadeiramente presente, o mentorado percebe e sente-se importante. A qualidade das conversas sobe enormemente, porque surgem detalhes e nuances que só aparecem quando ambos estão imersos no diálogo. Além disso, presença inclui regularidade: um mentor presente não "desaparece" por longos períodos; ele mostra comprometimento em mente e ação. Uma dica é iniciar cada sessão com um *check-in* breve – perguntar como o mentorado está se sentindo naquele dia – e realmente escutar a resposta, ajustando o tom da conversa conforme necessário (se ele está desmotivado, por exemplo, talvez precise de alguns minutos desabafando antes de entrar na pauta técnica).

Empatia andou de mãos dadas com a escuta em nossa discussão, e aqui reforçamos: ser empático é uma decisão consciente de tentar ver o mundo através dos olhos do mentorado. Envolve linguagem verbal e também não verbal: olhar nos olhos, acenar com a cabeça em compreensão, evitar expressões faciais de julgamento ou choque mesmo se o mentorado revelar algo sensível. Quando o mentor responde com empatia – *"Consigo imaginar o quão desafiador foi pra você"* – ele está comunicando aceitação. Histórias reais demonstram o poder da empatia: na organização Young Enterprise do Reino Unido, um mentor financeiro ao perceber a ansiedade de seu mentorado, resolveu compartilhar suas próprias inseguranças e desafios da juventude. Essa abertura autêntica do mentor criou um espaço seguro e aumentou a autoconfiança do jovem em 25%, de acordo com medições internas. Ou seja, a empatia aliada à vulnerabilidade do mentor (que admitiu "eu também já tive medo, já errei") gerou uma conexão profunda e catalisou o crescimento do mentorado. A lição aqui é clara: empatia + vulnerabilidade = conexão fortalecida.

Por fim, vulnerabilidade é um princípio menos óbvio porém extremamente poderoso na mentoria. Muitas vezes espera-se que o mentor seja sempre forte, sábio e infalível. No entanto, os mentores mais inspiradores são aqueles que têm a coragem de mostrar sua humanidade. Isso significa admitir que não sabem tudo, reconhecer suas próprias falhas passadas e, quando apropriado, compartilhar fragilidades. Essa postura derruba barreiras e evita que o mentorado se coloque numa posição de inferioridade ou medo. Evidentemente, vulnerabilidade não quer dizer que o mentor vá tornar a sessão uma terapia para si mesmo – trata-se de escolher momentos oportunos para ilustrar pontos com suas experiências reais, mesmo as difíceis. Por exemplo, se o mentorado sente que fracassou em um projeto, o mentor pode confidenciar um fracasso que viveu e o que aprendeu com ele. Essa troca gera alívio e inspira confiança, mostrando que errar faz parte do caminho de todo profissional. A já mencionada cultura da McKinsey de *"vulnerabilidade e abertura bem-vindas"* desde o início do programa de mentoria resultou em alto crescimento de carreira e satisfação para 70% dos profissionais mentorados, conforme seu estudo. Ou seja, um ambiente onde **ninguém precisa usar máscaras** permite um aprendizado muito mais rico e acelera o desenvolvimento.

Em iniciativas como a Atitude Infinita, esses princípios não são apenas teoria: são vividos no dia a dia das relações entre mentores e mentorados. A prática constante da escuta ativa, da empatia e da presença plena tem se mostrado um dos principais diferenciais que tornam a mentoria transformadora para todos os envolvidos.

Em resumo, escuta ativa, empatia, presença e vulnerabilidade formam um conjunto de valores e habilidades que solidificam a relação mentor-mentorado. Quando o mentor pratica esses princípios, ele cria um ambiente de confiança e colaboração insuperável. Além disso, ao dar o exemplo, ele ensina pelo modelo – encoraja o mentorado também a ser empático, presente e aberto. Essa troca autêntica faz a mentoria transcender o âmbito profissional, tocando o humano. E é aí que ocorrem as verdadeiras transformações.

Exercício Prático + Kit do Mentor

Fortaleça a Relação com seu Mentorado

A base da mentoria é a relação de confiança. É ela que sustenta a escuta verdadeira, a vulnerabilidade e o crescimento mútuo. Dessa forma, vale revisar como essa relação está sendo construída.

Reflita sobre os pontos abaixo — e documente suas impressões:

- **Conexão emocional:** O mentorado sente que pode ser autêntico com você? Há espaço seguro para vulnerabilidade?
- **Confiança mútua:** Vocês já alinharam expectativas, acordos e estilo de comunicação?
- **Presença intencional:** Você consegue estar 100% presente durante as conversas? Seu mentorado percebe isso?
- **Acompanhamento real:** Como vocês estão registrando avanços, dúvidas e planos de ação ao longo da jornada?

Para fortalecer essa relação e torná-la ainda mais estruturada, utilize as ferramentas práticas do **Kit do Mentor**:

- **Mapa da Relação Mentor–Mentorado** – Visualize os pilares do vínculo e avalie a força de cada um.
- **Roteiro da Primeira Conversa** – Releia e, se necessário, retome conversas-chave sobre objetivos, confiança e estilo de mentoria.
- **Planilha de Acompanhamento** – Registre o progresso do mentorado e retome marcos importantes em cada sessão.

Todos os recursos estão disponíveis gratuitamente em:
www.atitudeinfinita.org/kitdomentor

Resumo da Parte 6 – Construindo Relações de Confiança

Ponto-chave:

Confiança é a base de toda mentoria duradoura — ela se constrói com presença, verdade e coerência.

O que você aprendeu:

- Que vínculo vem antes da técnica: a relação é mais importante que o método.
- Como presença, escuta e consistência geram segurança emocional.
- Que confiança exige tempo, mas pode ser perdida em segundos.

Como aplicar na prática:

- Esteja presente de verdade nos encontros. Evite distrações.
- Dê feedbacks honestos, mas sempre com empatia.
- Respeite os acordos feitos (horário, confidencialidade, frequência).

Erros comuns a evitar:

- Prometer o que não pode cumprir.
- Interromper ou julgar o mentorado cedo demais.
- Tentar resolver tudo sem ouvir ou compreender.

Desafio para você:

Pergunte ao seu mentorado: "Você sente que pode confiar em mim? O que posso fazer para fortalecer ainda mais nossa parceria?"

Ferramentas Recomendadas do Kit do Mentor – Parte 6

Para fortalecer a construção da relação com seu mentorado, com base em escuta, confiança e pactos de colaboração, utilize os recursos da Parte 6 no Kit do Mentor:

Ferramenta	**Finalidade**
Modelo de Aliança de Aprendizagem	Estabeleça acordos, expectativas e combinados desde o início da mentoria.
Guia de Pactos Relacionais	Defina limites, frequência e compromissos de ambas as partes.
Checklist de Qualidade da Relação Mentor–Mentorado	Avalie a confiança, presença, escuta e vínculo construído ao longo do tempo.
Roteiro de Conversa Inicial	Facilite o primeiro encontro com segurança, empatia e estrutura.

Todas as ferramentas estão disponíveis gratuitamente em:
www.atitudeinfinita.org/kitdomentor

Parte 7 – Planejamento e Condução de Sessões

"O Anderson me ajudou a superar inseguranças em entrevistas e a construir um currículo forte. Ele enxergou em mim capacidades que eu ainda não conseguia ver. Graças à sua mentoria, conquistei um trabalho que me permitiu continuar vivendo em Los Angeles. Foi um divisor de águas."

– André Esteves, Controle de Qualidade de Legendas e Dublagem – Los Angeles, US

Se o relacionamento entre mentor e mentorado é a fundação, as sessões de mentoria são os tijolos que, um a um, erguem a construção desse desenvolvimento. Cuidar de cada encontro faz toda a diferença entre uma mentoria qualquer e uma experiência que realmente marca. Neste capítulo, exploraremos roteiros, técnicas e ferramentas que ajudam a estruturar sessões produtivas, mantendo-as focadas, envolventes e alinhadas às necessidades do mentorado. Também veremos como aplicar princípios de andragogia – a arte de educar adultos – para que o aprendizado seja efetivo e significativo, e como personalizar a abordagem de acordo com o perfil de cada mentorado. O objetivo é oferecer um conjunto prático de métodos e exercícios que o mentor possa adotar imediatamente, tornando suas sessões mais impactantes e eficientes.

Roteiro de uma Sessão Produtiva

Embora cada sessão de mentoria possa variar em formato conforme o contexto e preferência da dupla, é útil ter um **roteiro básico** que sirva de guia. Um encontro bem estruturado tende a aproveitar melhor o tempo e gerar resultados concretos. A seguir, uma estrutura recomendada para uma sessão típica de mentoria (imaginemos uma duração de cerca de 60 minutos, que pode ser ajustada):

1. **Preparação (Pré-sessão):** Antes do encontro, mentor e mentorado devem se preparar. O mentorado pode refletir sobre os tópicos que quer discutir, desafios recentes e progressos desde a última sessão. O mentor, por sua vez, deve rever suas anotações do último encontro – quais assuntos ficaram pendentes? Quais ações o mentorado se propôs a fazer? – e pensar em recursos ou perguntas úteis para a conversa que virá. Se houver uma agenda prévia de tópicos, este é o momento de atualizá-la (mais à frente detalharemos essa ferramenta). Essa preparação garante que ambos cheguem "aquecidos" e com foco ao encontro.

2. **Abertura da Sessão:** Os primeiros minutos definem o tom. É importante começar com uma conexão humana: um cumprimento caloroso e um breve "como vai?". Pode ser um papo rápido para quebrar o gelo – perguntar como foi a semana, comentar algo positivo observado desde o último encontro. Essa acolhida ajuda o mentorado a relaxar e reforça a confiança. Em seguida, vale recapitular o objetivo do dia: *"Pelo que conversamos, hoje iríamos falar sobre X, correto?"* – confirmar a pauta acordada ou ajustá-la caso algo urgente tenha surgido. Uma técnica de abertura é perguntar: *"O que você mais gostaria de aproveitar na nossa sessão de hoje?"*. Assim, o mentorado explicita suas prioridades, e o mentor alinha suas expectativas logo de início. Essa fase inicial não deve ser longa (talvez 5-10 minutos), mas é crucial para criar engajamento.
3. **Desenvolvimento (Corpo da Sessão):** Aqui entra a discussão principal. Dedique a maior parte do tempo (cerca de 70-80% da sessão) aos tópicos centrais. Se o foco do dia for, por exemplo, desenvolver habilidade de comunicação, talvez o mentorado traga uma situação específica (uma apresentação importante que ele fará). O mentor então pode explorar o contexto fazendo perguntas poderosas: *"Qual é sua maior preocupação em relação a essa apresentação?"*, *"Que mensagem você quer transmitir?"*, *"Que opções você já considerou para torná-la mais impactante?"*. Conforme o mentorado responde, o mentor pratica escuta ativa – não só ouvindo, mas incentivando o aprofundamento, sinalizando compreensão. O papel do mentor durante o desenvolvimento é, em primeiro lugar, estimular a reflexão do mentorado. As perguntas abertas são aliadas valiosas para isso, pois levam o mentorado a pensar por si e descobrir insights. Além das perguntas, o mentor pode compartilhar feedbacks e observações: *"Notei que você falou com muito entusiasmo quando descreveu tal parte, isso é ótimo – use esse entusiasmo na apresentação!"*; ou *"Você mencionou dificuldade para engajar a audiência, posso sugerir uma técnica que já usei?"*. Aqui cabe compartilhar experiências pessoais relevantes do mentor – histórias breves de desafios semelhantes que ele enfrentou e como resolveu, ou até erros cometidos e lições aprendidas. Essa troca de experiências enriquece a sessão e traz ao mentorado referências práticas. Ferramentas como brainstorming (geração conjunta de ideias), role-playing (encenar uma situação para treinar) ou análise de casos podem ser usadas conforme o tema. Por exemplo, se o mentorado precisa se preparar para uma negociação, o mentor pode fazer um role-play simulando um cliente difícil, para praticarem juntos. Durante o desenvolvimento, o mentor deve ficar atento ao relógio para cobrir os tópicos essenciais – se notar que o tempo está se esgotando, pode gentilmente guiar a conversa: *"Vamos reservar mais cinco minutos para este ponto e depois partimos para o próximo, ok?"*. Flexibilidade também é importante: se surgir um assunto muito mais relevante do que o planejado, não há problema em repriorizar a pauta na hora, desde que haja consenso.
4. **Recapitulando e Definindo Próximos Passos (Encerramento):** Nos 5-10 minutos finais, é hora de consolidar o que foi discutido. O mentor pode fazer um resumo: *"Hoje*

identificamos que para melhorar sua comunicação na apresentação, você vai trabalhar em X e Y, e combinamos que...". Melhor ainda, peça para o mentorado resumir os aprendizados ou decisões tomadas: *"Poderia resumir com suas palavras os principais insights de hoje e quais ações você pretende seguir?"*. Isso ajuda a fixar o conhecimento e garante que ambos estão na mesma página. Em seguida, definam claramente os **próximos passos** ou tarefas. Podem ser atividades para o mentorado executar (por exemplo, *"Vou preparar um rascunho da apresentação e te enviar para feedback"*) e/ou para o mentor (como *"Vou te mandar aquele artigo sobre storytelling até sexta"*). Sempre associe prazos ou datas a essas ações, para assegurar compromisso. Aqui, novamente, aplique a metodologia SMART se possível: ações específicas e com prazo. Se algo ficou pendente por falta de tempo, anote para a próxima sessão. Por fim, feche a sessão positivamente: reconheça o esforço do mentorado (*"Parabéns pela evolução em ... hoje"*) e reforce sua disponibilidade (*"Qualquer coisa, estou a um email de distância caso precise antes do nosso próximo encontro"*). Combine a data ou período do próximo encontro se ainda não o fez. E despeça-se em tom motivador, deixando o mentorado animado para colocar em prática o discutido.

Esse roteiro não é engessado; é um guia flexível. Algumas sessões, por exemplo, podem ser mais curtas e focadas apenas em um tópico urgente; outras, podem seguir um fluxo livre sem pauta formal se o mentorado naquele dia precisar desabafar ou pensar alto. Contudo, tendo em mente essa estrutura (abertura – desenvolvimento – fechamento), o mentor dificilmente se perderá ou permitirá que a conversa derive para algo improdutivo.

Estruturar dá segurança tanto para o mentor quanto para o mentorado, pois ambos sabem o que esperar e veem valor em cada etapa. Lembre-se: sessões produtivas geram momentum – cada encontro bem conduzido alimenta o entusiasmo e o comprometimento do mentorado para continuar evoluindo.

Técnicas de Abertura, Condução e Encerramento

Vamos nos aprofundar em algumas técnicas específicas para os momentos-chave de uma sessão: abertura, condução e encerramento. São práticas testadas que aumentam o engajamento e a eficácia de cada fase.

Na Abertura:

- **Quebra-gelo personalizado:** Em vez de começar direto nos assuntos formais, utilize os primeiros instantes para quebrar o gelo. Pode ser tão simples quanto comentar algo positivo: *"Li seu e-mail sobre aquela reunião, parece que foi um sucesso, parabéns!"* ou *"Soube que você concluiu o curso tal, como foi?"*. Isso mostra que o mentor presta atenção e se importa com a vida do mentorado. Se o mentorado parecer tenso ou desmotivado, uma breve conversa informal ajuda a relaxar o clima.

- **Check-in emocional:** Pergunte de 0 a 10 como o mentorado está se sentindo naquele dia, ou peça que ele defina em uma palavra o estado de espírito. Essa técnica do *check-in* emocional ajuda a calibrar o tom da sessão. Se ele responde "Estou num 3, meio desanimado", o mentor já sabe que precisa apoiá-lo emocionalmente antes de entrar em questões técnicas. Se diz "Estou num 9, super animado!", ótimo – pode canalizar essa energia para os desafios do dia.
- **Revisitar a sessão anterior:** Uma boa prática é começar relembrando brevemente o que foi trabalhado no encontro passado e perguntar pelo follow-up: *"Desde nossa última conversa, como você se saiu naquilo que planejamos?"*. Isso reforça continuidade e responsabilidade. Caso o mentorado tenha ficado de fazer algo (ex: ler um livro, tentar uma técnica), este é o momento de pedir o retorno. Se ele não fez, não transforme em bronca – explore o porquê, talvez a ação era ambiciosa demais ou houve obstáculos; renegociem se preciso. O importante é demonstrar que o mentor leva a sério os combinados.
- **Definir a pauta do dia:** Confirme a agenda: *"O que você gostaria de focar hoje?"*. Se o mentorado trouxer muitos temas, ajude-o a priorizar: *"Temos uma hora, talvez não dê tempo de tudo. O que é mais urgente ou importante?"*. Alinhar isso evita frustração de deixar assuntos importantes de fora. Alguns mentores gostam até de anotar a pauta visivelmente (num papel à vista ou quadro) para lembrar ambos do foco.

Durante a Condução:

- **Método GROW (Goal, Reality, Options, Will):** Essa é uma estrutura clássica de coaching que pode ser usada dentro de uma sessão para conduzir o raciocínio. Por exemplo, se discutem um objetivo do mentorado: Goal (Objetivo) – clarifique exatamente o que ele quer alcançar; Reality (Realidade) – explore a situação atual, os fatos, recursos e obstáculos presentes; Options (Opções) – incentive o mentorado a gerar soluções ou alternativas, brainstorming mesmo; Will/Way Forward (Plano de Ação) – ajude-o a escolher uma opção e definir próximos passos concretos. O modelo GROW garante que não fiquem apenas na conversa abstrata, mas caminhem em direção a um resultado prático.
- **Técnica das Perguntas Poderosas:** Já destacamos o valor das perguntas abertas. Algumas perguntas poderosas universais que um mentor pode ter no repertório: *"O que realmente te impede de...?"*, *"Que aprendizado você tira dessa situação?"*, *"Como você se imagina lidando com isso daqui a seis meses?"*, *"Se você pudesse fazer qualquer coisa, sem limitações, o que faria?"*. Tais perguntas abrem novos horizontes de pensamento para o mentorado. Importante: evite perguntas que começam com "Por que..." de forma acusatória, pois

podem soar como julgamento (ex: "Por que você fez desse jeito?" tende a deixar o mentorado na defensiva). Prefira "Como" e "O que", que são mais exploratórias – *"O que te levou a escolher esse caminho?"* soa bem mais empático do que "Por que escolheu esse caminho?".

- **Silêncio e pausa intencional:** Não tenha medo do silêncio durante a sessão. Às vezes, após fazer uma pergunta desafiadora, o mentorado precisa de tempo para pensar. Muitos mentores preenchem cada segundo com fala, mas aprender a ficar confortável com pausas é importante. Demonstra paciência e dá espaço para reflexões mais profundas emergirem. Enquanto o mentorado pensa, mantenha uma postura atenta, talvez anotando algo – mostrando que está ali presente aguardando, não que ficou distraído.
- **Redirecionamento gentil:** Se a conversa começar a derivar para um caminho pouco produtivo ou fora do escopo (por exemplo, o mentorado começa a reclamar longamente de terceiros sem foco em solução), cabe ao mentor redirecionar. Intervenha com gentileza: *"Entendo. E voltando ao nosso objetivo de melhorar sua liderança, como essa situação se relaciona?"* ou *"O que você acha que poderia fazer a respeito, dentro do que está ao seu alcance?"*. Isso puxa de volta para uma abordagem propositiva. O mentor age como uma espécie de **facilitador**, mantendo a sessão nos eixos sem tolher a expressão do mentorado.
- **Apoiar e desafiar (Equilíbrio):** Uma condução eficaz encontra o balanço entre apoiar (encorajar, elogiar, consolar quando preciso) e desafiar (provocar reflexão, sair da zona de conforto). Se o mentorado está muito inseguro ou abatido, tende-se mais ao apoio: reconheça conquistas, aponte qualidades que ele talvez não veja em si mesmo (*"Notei que você tem muita determinação, veja como insistiu nesse projeto..."*). Isso eleva a confiança. Por outro lado, se o mentorado está acomodado ou não enxerga um ponto cego, o mentor deve desafiá-lo respeitosamente: *"Você já considerou que talvez o obstáculo esteja na sua forma de delegar as tarefas?"* – pode ser uma verdade difícil, mas dita com tato e seguida de colaboração (*"vamos pensar juntos em como melhorar isso?"*) gera crescimento. Esse jogo de apoiar e desafiar é a arte sutil do mentor em ação.

No Encerramento:

- **Síntese dos pontos-chave:** Recapitular o conteúdo é essencial para fixação. Peça, se possível, para o mentorado resumir, pois quem explica aprende duas vezes. Corrija ou complemente apenas se algo importante ficou de fora. Consolidar em 2-3 pontos principais ajuda a mente a organizar o aprendizado. Alguns mentores gostam de anotar no quadro ou em um documento compartilhado os *takeaways* na hora do fechamento, e depois enviar ao mentorado – isso cria accountability e registro do progresso.

- **Definição de ações específicas:** Jamais termine uma sessão sem que fique claro "quem fará o quê" até o próximo encontro. Mesmo que a sessão tenha sido mais reflexiva, sempre há algum passo a dar – nem que seja "pensar mais sobre determinado assunto" ou "fazer uma pesquisa X". Idealmente, as ações devem ser formuladas pelo mentorado (para gerar compromisso), com auxílio do mentor para torná-las viáveis. Exemplos: *"Então você vai conversar com seu chefe sobre aquela oportunidade, até semana que vem, correto?"* ou *"Você irá elaborar um esboço do plano de negócios e me enviar para revisão até dia tal."*. Se forem muitas ações, priorize e não sobrecarregue – melhor 1 ou 2 coisas bem feitas do que uma lista que desmotiva.
- **Verificação de satisfação:** Uma excelente prática de encerramento é perguntar ao mentorado como ele se sentiu na sessão ou se o encontro atendeu às expectativas. Pode ser direto: *"Esta sessão te ajudou no que você esperava?"* ou *"Foi útil para você hoje?"*. Ou até, em escala: *"Como avaliaria nossa sessão de hoje numa escala 1-5?"*. Isso dá feedback ao mentor em tempo real. Se algo não bateu, melhor saber logo para ajustar no próximo. Normalizar esse pedido de feedback torna a relação mais **aberta e colaborativa**, mostrando humildade do mentor e interesse genuíno na melhoria contínua.
- **Encerramento positivo:** Termine com alto astral e motivação. Agradeça o tempo e empenho do mentorado (*"Gostei muito da nossa conversa, obrigado pela sua dedicação em discutir esses temas com profundidade"*). Reforce a confiança no potencial dele: *"Acredito mesmo que você vai se sair bem nesse desafio, e estou aqui para apoiar no que precisar"*. Uma despedida encorajadora deixa o mentorado energizado e confiante para partir para a ação. É como aquele grito de equipe no final do treino – sai todo mundo animado para o jogo!

No programa Atitude Infinita, é comum abrir os encontros com um check-in emocional simples, onde mentor e mentorado compartilham brevemente como estão chegando naquele dia. Essa prática cria presença e conexão desde os primeiros minutos.

Em suma, ao aplicar essas técnicas de abertura, condução e encerramento, o mentor garante que cada sessão tenha um começo acolhedor, um meio produtivo e um final construtivo. Isso maximiza o aproveitamento do tempo e mantém o mentorado engajado do início ao fim, pois ele sente que cada encontro traz clareza, direção e encorajamento.

Ferramentas de Apoio: Diário de Bordo, Plano de Desenvolvimento e Agenda

Além das habilidades interpessoais, mentores eficazes costumam lançar mão de ferramentas práticas para organizar e potencializar o acompanhamento do mentorado. Três instrumentos úteis nesse sentido são o diário de bordo, o plano de desenvolvimento individual e a agenda de tópicos. Vamos entender cada um e como utilizá-los na mentoria.

- **Diário de Bordo da Mentoria:** Trata-se de um registro contínuo das sessões e principais acontecimentos da mentoria. Pode ser um caderno físico, um documento digital compartilhado ou mesmo um formulário online onde o mentor e/ou mentorado anotam informações-chave a cada encontro. Nele, normalmente se registra a data da sessão, tópicos discutidos, decisões tomadas, ações acordadas e reflexões do momento. Qual a vantagem? O diário de bordo funciona como a memória do processo de mentoria. Ao consultar páginas passadas, mentor e mentorado podem ver a evolução ao longo do tempo – metas que foram cumpridas, desafios superados, feedbacks recebidos. Também previne esquecimento de combinados (por exemplo, se ficou acordado de procurar um curso, isso estará anotado para cobrança futura). O ideal é que o preenchimento do diário seja feito brevemente logo após cada sessão, enquanto está tudo fresco. Alguns mentores pedem para o próprio mentorado escrever um pequeno *resumo da sessão e aprendizados* no diário – o que é ótimo como atividade de metacognição (fazer o mentorado pensar sobre o que aprendeu). Outras possibilidades: usar o diário para anotações reflexivas do mentorado entre sessões, quase como um journal pessoal que o mentor também lê. Assim, se durante a semana ele tiver um insight ou dificuldade, registra ali para discutirem depois. O formato pode variar, mas a essência é documentar para evoluir. No fim da mentoria, ter esse registro faz o mentorado perceber o quanto caminhou – uma fonte de motivação e de *legado tangível* da parceria.
- **Plano de Desenvolvimento Individual (PDI):** Enquanto o diário registra o processo, o plano de desenvolvimento delineia o futuro desejado e o caminho para chegar lá. É um documento (ou planilha) que contém os objetivos de desenvolvimento do mentorado e as ações necessárias para atingi-los, geralmente com prazos e métricas. Muitas organizações usam PDI com colaboradores; na mentoria, ele é igualmente valioso. Logo nas primeiras sessões, mentor e mentorado podem co-criar esse plano. Por exemplo, suponha que um objetivo seja "Melhorar habilidade de liderança". No PDI, isso seria detalhado em metas específicas (ex: *"Conduzir 2 reuniões de equipe de forma eficaz até Mar/2025"*), cada qual acompanhada de ações (ex: *"Fazer curso online de liderança situacional até Jan/2025"*, *"Solicitar feedback 360° da equipe em Fev/2025"*) e recursos necessários (curso, livros, prática em projeto X). O mentor ajuda a pensar nessas etapas e a torná-las realistas. O PDI serve como um mapa que orienta as sessões – a cada encontro, verifica-se alguma parte do plano: *o que já foi cumprido? o que está pendente?*; ou ajusta-se se as prioridades mudaram. Ele também dá estrutura para o mentorado trabalhar entre as sessões. Em vez de ficar esperando o próximo encontro sem norte, o mentorado tem tarefas e objetivos claros em andamento. Importante: o PDI deve

ser flexível e vivo – conforme o mentorado evolui ou surgem novas metas, o plano é atualizado. Se um caminho não está funcionando, recalcula-se a rota. O uso de metas claras e quantificáveis no PDI dialoga com os princípios de estabelecer objetivos realistas que mencionamos. Por exemplo, usar o método OKR (Objectives and Key Results) ou SMART dentro do PDI garante que haja clareza e mensuração. Ao final da mentoria, o PDI permitirá avaliar objetivamente quais resultados foram alcançados, dando uma sensação de concretude para ambos.

- **Agenda de Tópicos:** Diferente do significado usual de agenda (como calendário), aqui nos referimos a uma lista de tópicos ou assuntos que o mentorado deseja tratar ao longo da mentoria. Muitas vezes, no início do processo, surge um grande leque de questões que o mentorado quer melhorar – por exemplo: desenvolvimento de carreira, aprimorar inglês, gerir melhor o tempo, melhorar networking, etc. Nem tudo será abordado de uma vez, então criar uma agenda ajuda a organizar e priorizar. Essa agenda pode ser uma simples lista enumerada das *"temáticas a discutir"*. A utilidade é dupla: (1) serve para o mentorado descarregar todas as suas preocupações e expectativas, dando visibilidade ao mentor, e (2) permite o planejamento das sessões futuras. Por exemplo, podem decidir: "No próximo encontro, falaremos sobre gestão de tempo; no seguinte, sobre networking". Claro que isso pode mudar conforme urgências, mas ter essa lista como guia evita que assuntos importantes caiam no esquecimento. A agenda de tópicos também traz autonomia ao mentorado – ele participa ativamente da construção da pauta da mentoria, em vez de apenas reagir às perguntas do mentor. Uma dica é, ao final de cada sessão, revisar brevemente essa lista: *"Já cobrimos este e aquele item, restam esses três – todos ainda fazem sentido? Algum novo a acrescentar?"*. Assim a agenda fica atualizada. Se o mentor preferir, pode integrar essa agenda ao diário de bordo ou PDI, mas o importante é existir *de forma visual* (num documento compartilhado, por exemplo) para ambos acompanharem. Ferramentas simples como um Google Docs ou planilha online servem bem para isso.

Além dessas três, há outras ferramentas que podem ser empregadas conforme a necessidade – testes de perfil comportamental, avaliação 360°, canvas de modelo de negócios pessoal, etc. Contudo, diário, PDI e agenda formam um kit básico bem poderoso para a maioria dos processos de mentoria. Eles profissionalizam o acompanhamento, dando *contorno e substância* à relação. Entretanto, um alerta: não deixe a papelada engessar a relação. As ferramentas existem para servir à mentoria, não o contrário. Se em algum momento preencher documentos virar um fardo burocrático, simplifique. Talvez usar apenas um quadro Kanban de tarefas com post-its resolva, ou notas no celular. Adapte as ferramentas ao estilo da dupla. O mais importante é que haja registro, direção e clareza – seja pelo meio que for.

Perguntas Poderosas, Escuta Ativa e Feedback Construtivo em Ação

Já cobrimos em detalhes a importância dessas competências no capítulo anterior, mas agora, focando na dinâmica das sessões, vamos abordar como utilizá-las ativamente em cada encontro.

Perguntas Poderosas: São o *coração* de uma boa sessão de mentoria. Ao invés de fornecer respostas prontas, o mentor que faz as perguntas certas leva o mentorado a pensar por si e descobrir caminhos. Para usar perguntas poderosas de forma eficaz:

- Planeje algumas com antecedência, baseadas no tópico do dia. Por exemplo, se o tema é evolução de carreira, pense em perguntas como: *"Que tipo de legado você quer deixar na sua carreira?"*, *"O que você faria se não tivesse medo de falhar nessa transição?"*.
- Escute atentamente as respostas e faça perguntas de seguimento (follow-up). Muitas vezes, a primeira resposta do mentorado é superficial; ao perguntar *"Pode me explicar melhor?"* ou *"E o que isso significa para você?"*, ele aprofunda o raciocínio.
- Não tenha receio de fazer perguntas *difíceis* ou que desafiem pressupostos (sempre com respeito). Se perceber uma crença limitante, transforme-a em pergunta: ao invés de afirmar "Não ache que é velho para aprender isso", pergunte: *"O que te faz acreditar que já passou da idade para tentar?"*. Esse tipo de pergunta encoraja o mentorado a refletir sobre suas próprias crenças e, possivelmente, reformulá-las.
- Use perguntas também para estimular a *ação e accountability*: *"Quando exatamente você vai fazer isso?"*, *"Como posso saber que você cumpriu tal tarefa? Quer me enviar uma mensagem até tal dia?"*. Assim, a pergunta já embute o compromisso.

Escuta Ativa durante a sessão: Não basta o mentorado falar; o mentor deve garantir que entendeu corretamente e que o mentorado se sinta ouvido. Algumas técnicas práticas:

- **Paráfrase e resumo:** Depois que o mentorado expuser uma situação complexa, o mentor pode dizer: *"Deixe-me ver se entendi: você está lidando com [resumo do problema] e sente [emoção/percepção dele]. É isso?"*. Além de verificar a compreensão, essa paráfrase muitas vezes ajuda o mentorado a organizar melhor os próprios pensamentos (ao ouvir o mentor resumir, ele pode corrigir ou complementar: "Isso, mas tem também tal aspecto...").
- **Validação emocional:** Se o mentorado expressa um sentimento (angústia, medo, animação), o mentor valida: *"Entendo, essa situação realmente parece estressante"* ou *"Que ótimo, dá para ver o quanto você ficou empolgado com o resultado!"*. Essa validação não significa concordar ou discordar da atitude em si, mas sim reconhecer o direito daquele sentimento existir. Sentir-se compreendido encoraja o mentorado a se abrir ainda mais.

- **Linguagem corporal de escuta:** Mantenha contato visual (ou olhe para a câmera, no caso de videochamadas), acene com a cabeça, use expressões faciais condizentes (sorria quando apropriado, franza a testa levemente se for algo preocupante). Essas dicas não verbais mostram interesse. Evite ficar olhando relógio, celular ou ao redor – isso quebra totalmente a sensação de acolhimento.
- **Interjeições de acompanhamento:** Sons e palavras curtas como "uhum", "sim", "entendo", quando usados moderadamente, funcionam como *combustível* para o mentorado continuar falando. Sinalizam "siga, estou contigo". Porém, cuidado para não interromper o fluxo dele – use apenas quando há pausas naturais.
- **Não julgar ou reagir exageradamente:** Mesmo que o mentorado relate algo que o mentor pessoalmente reprove, mantenha a postura profissional. Se o mentorado perceber choque ou julgamento na face do mentor, pode se fechar. Pratique a escuta sem criticar imediatamente. Claro, se for algo antiético ou muito grave, o mentor deverá discutir as implicações – mas primeiro ouça toda a história.

Feedback Construtivo: Dentro das sessões, constantemente há oportunidades de dar feedback – seja sobre o comportamento do mentorado (como ele lidou com certa situação) ou sobre competências (uma simulação que ele fez, um texto que escreveu, etc.). Para que o feedback realmente impulsione o desenvolvimento, siga alguns princípios:

- **Seja específico:** Evite comentários genéricos como "Você mandou bem" ou "Precisa melhorar sua comunicação". Foque em *exemplos concretos*. Por exemplo: *"No início da reunião, reparei que você não olhou muito para a câmera enquanto apresentava o relatório. Isso pode passar falta de confiança para a audiência. Que tal treinar manter o olhar um pouco mais?"*. Aqui o mentor citou o comportamento específico e já deu uma dica de melhoria.
- **Equilíbrio (feedback sanduíche):** Uma técnica clássica é dar feedback equilibrado – elogiar pontos fortes *e* apontar pontos de melhoria, para não desmotivar. Comece mencionando algo positivo (isso reconhece o esforço e faz o mentorado baixar a guarda), depois aborde o que pode ser melhorado e, se possível, finalize com encorajamento. Exemplo: *"Achei ótima a sua iniciativa de reunir a equipe, isso mostra proatividade. Notei apenas que, em alguns momentos, você assumiu todas as tarefas difíceis para si – talvez pudesse delegar mais, para não sobrecarregar você e engajar o time. No geral, parabéns pela liderança, vejo muito potencial em você!"*. Esse formato reforça a autoestima ao mesmo tempo que direciona o aprimoramento.
- **Timing adequado:** Dê feedback **próximo do evento** em questão. Se o mentorado falou que teve uma reunião difícil ontem, aproveite para discutir hoje enquanto está fresco.

Ou se ele praticou uma entrevista simulada com você agora mesmo na sessão, já dê o feedback logo em seguida. Feedback oportuno tem mais impacto e clareza.

- **Baseado na escuta, não na crítica pessoal:** Retomando a citação de Megginson e Clutterbuck mencionada antes – feedback deve vir de um lugar de escuta, não de julgamento. Isso significa que, antes de dar o veredicto, o mentor ouve a *própria avaliação do mentorado*: *"Como você acha que foi?"*. Muitas vezes, o mentorado sabe onde errou e admite; aí o mentor pode concordar e complementar ao invés de parecer que está simplesmente criticando. O foco deve estar no **comportamento ou resultado**, e não na pessoa. Ao invés de "Você foi confuso na apresentação", diga "A estrutura da apresentação ficou um pouco confusa". Fala-se do *desempenho específico*, sinalizando que isso pode ser mudado, não rotulando o indivíduo como confuso.
- **Corresponsabilidade e solução:** Um bom feedback não é uma sentença, e sim o começo de uma busca por melhoria. Se apontar um problema, discuta soluções junto: *"Como podemos melhorar isso? Vamos pensar em estratégias"*. Ofereça ajuda se couber: *"Quer praticar comigo da próxima vez antes da apresentação oficial?"*. Assim, o mentorado percebe que o mentor está do seu lado para evoluir, não apenas apontando falhas de longe.

Quando o mentor domina essas artes – perguntar, ouvir e retroalimentar – dentro das sessões, ele se torna aquele mentor memorável que realmente faz diferença. As sessões deixam de ser monólogos entediantes ou palestras unilaterais e viram experiências ricas de aprendizado ativo. Vale ressaltar que essas habilidades demandam prática e aprimoramento contínuo do mentor. Ninguém nasce sabendo dar feedback perfeito ou fazendo as perguntas mais brilhantes; o mentor também aprende a cada sessão qual abordagem funcionou melhor com aquele mentorado e vai refinando. E tudo bem comentar isso abertamente: *"Quero também seu feedback sobre minhas perguntas, se estiver focando nos pontos certos para você"* – isso cria uma parceria de aprendizado. Lembre-se do que mencionamos: mentoria é via de mão dupla; o mentor também cresce, aprimorando suas soft skills e expandindo sua própria consciência, a cada interação.

Para consolidar: sessões de mentoria bem-sucedidas são aquelas em que o mentor faz as perguntas certas, ouve com atenção genuína e oferece feedback honesto e construtivo. Esses elementos combinados geram no mentorado insights valiosos, sentimento de apoio e direcionamento claro sobre como melhorar. É a *comunicação de alta qualidade* acontecendo – ingrediente sem o qual não há mentoria eficaz.

Andragogia: Como o Adulto Aprende e a Mentoria

Mentoria lida fundamentalmente com aprendizado de adultos. Diferentemente de crianças em ambiente escolar, os mentorados são adultos com bagagens, preferências e particularidades na forma de aprender. Compreender os princípios da andragogia – teoria e prática de educação de adultos – ajuda o mentor a ajustar sua abordagem para ser mais efetiva. Vamos destacar os principais conceitos andragógicos e traduzi-los para o contexto da mentoria:

1. **Necessidade de saber por quê:** Adultos gostam de entender o propósito do que estão aprendendo. Eles se engajam mais quando sabem *por que* algo é importante ou útil em suas vidas. Portanto, na mentoria, não espere que o mentorado abrace cegamente uma recomendação sem entender o motivo. Sempre que propor uma atividade ou sugerir uma leitura, explique a relevância: *"Estou sugerindo esse livro porque ele traz estratégias de negociação que você poderá aplicar naquela situação X no trabalho."*. Relacione os conselhos aos objetivos concretos do mentorado. Quando ele enxerga um *ganho claro* (melhorar desempenho, progredir na carreira, resolver um problema atual), a motivação para aprender cresce exponencialmente. Se o mentor passar um artigo para ler, por exemplo, vale contextualizar: *"Leia pensando em como você pode usar a técnica da página 3 na sua próxima apresentação."*. Isso ativa a curiosidade e o foco do adulto, que percebe utilidade imediata no esforço de aprender.
2. **Autoconceito e autonomia:** Adultos têm a autoimagem de pessoas autodirigidas, responsáveis por suas decisões. Eles geralmente não gostam de receber ordens ou tratamento paternalista no aprendizado. Na mentoria, isso significa que o mentor deve agir mais como facilitador do que como professor autoritário. Envolver o mentorado nas decisões – quais habilidades focar primeiro, que formato de sessão prefere, quais soluções escolher – tudo isso reforça o protagonismo dele. Por exemplo, ao invés de impor um plano rígido, construa o plano de desenvolvimento conjuntamente (como vimos). Dê opções e ouça o que ele acha melhor. Se o mentorado discordar de um conselho, não encare como desafio à autoridade – dialogue sobre as razões. Talvez haja outro caminho que faça mais sentido para ele. Respeitar a autonomia também quer dizer incentivar o mentorado a tomar decisões e assumir responsabilidades pelo próprio crescimento. O mentor está ali para apoiar e guiar, mas quem dirige o carro (vida/carreira) é o mentorado. Essa postura faz o adulto se sentir respeitado e engajado, em vez de controlado. Em termos práticos: troque o "você tem que fazer assim" por "quais caminhos você vê? posso opinar sobre prós e contras de cada e você decide qual seguir". Isso não é omissão do mentor, é parceria alinhada à mentalidade adulta.
3. **Experiência prévia como recurso:** Cada adulto traz um acúmulo de experiências de vida e trabalho que moldam seu aprendizado. Diferente de uma criança que está construindo repertório, o adulto já tem muitos exemplos, casos vividos, conhecimentos prévios. O mentor sábio aproveita essa riqueza. Em vez de despejar teoria, puxe pelo que o mentorado já sabe: *"Você já liderou um projeto antes, conte como foi – o que funcionou ou não?"*. Ajude-o a tirar lições de suas próprias experiências passadas. Muitas soluções para problemas atuais estão escondidas nas vivências anteriores do mentorado. Por exemplo,

se ele lida mal com um colega difícil, pergunte: "Já teve um colega assim em outro emprego? O que fez na época? O que poderia tentar agora inspirado naquilo?". Além disso, valorizar a bagagem do mentorado estabelece respeito. Ele percebe que o mentor não o vê como "tábula rasa", mas reconhece e valida seu conhecimento. Tecnicas andragógicas como estudos de caso, simulações e exercícios baseados em situações reais funcionam bem por isso – conectam o aprendizado à experiência tangível do adulto. Assim, ao ensinar algo novo, o mentor deve tentar ancorar em algo familiar ao mentorado: *"Lembra quando você organizou aquele evento? Vamos aplicar uma lógica parecida aqui..."*.

4. **Prontidão para aprender** – foco em problemas reais: Adultos aprendem melhor quando percebem que *precisam* daquilo para solucionar problemas reais ou desempenhar papéis da vida real. A disposição para aprender está ligada à relevância imediata. Portanto, na mentoria, procure alinhar os tópicos ao momento atual do mentorado. Se ele está prestes a assumir uma equipe, foque em liderança de equipes; se vai fazer entrevista de emprego, foque em técnicas de entrevista; e assim por diante. Mesmo princípios gerais (como inteligência emocional) podem ser ensinados contextualizando em situações presentes que ele vivencia (por ex: lidar com críticas do chefe). Uma implicação é: caso o mentor queira introduzir um assunto que julga importante mas o mentorado não vê como prioritário agora, será difícil gerar engajamento. Vale conversar sobre *por que* aquilo importaria no contexto dele, ou talvez postergar até que faça sentido para o mentorado. Sincronicidade é a chave – quando o aluno está pronto, aparece o aprendizado. O mentor pode ajudar a despertar essa prontidão mostrando cenários futuros: *"Você mencionou que planeja fazer um MBA no ano que vem; que tal já ir treinando o inglês desde agora, para chegar lá mais confortável?"*. A ideia é conectar o aprendizado ofertado com metas e desafios que o adulto reconhece como relevantes na vida dele.
5. **Orientação prática e imediata:** Adultos tendem a ter uma orientação de aprendizagem **voltada à aplicação imediata** – gostam de aprender algo hoje e já usar amanhã em suas vidas. Diferente de crianças que muitas vezes estudam conteúdos para usar no futuro distante, o adulto quer utilidade agora. Na mentoria, isso significa que teoria e conceitos são bem-vindos, mas precisam vir acompanhados de como aplicá-los na prática. Se o mentor ensina um modelo (ex: matriz SWOT), já proponha aplicá-lo à realidade do mentorado (ex: "vamos fazer seu SWOT pessoal agora"). Se discutir um conceito de liderança, desafie o mentorado a experimentá-lo na próxima semana com a equipe e depois contar o resultado. Também por isso, tarefas práticas e exercícios funcionam bem – eles transformam o aprendizado em ação concreta. O mentor pode, inclusive, estruturar a mentoria como pequenos projetos práticos que o mentorado vai executando (por exemplo: "Nas próximas 4 semanas, você fará XYZ e aprenderá fazendo"). Esse pragmatismo mantém o adulto motivado, pois ele vê progresso e utilidade rapidamente. E nada

impede de já colher *feedbacks rápidos*: aplicou na semana, traga para sessão seguinte: deu certo? o que aperfeiçoar? Assim o ciclo aprender-fazer-aprender se retroalimenta.

6. **Motivação principalmente intrínseca:** Adultos respondem a incentivos externos (salário, promoção), mas os motivadores mais poderosos são internos – desejo de crescimento, satisfação pessoal, autoestima, qualidade de vida. Isso tem grande relevância na mentoria: entender o que realmente motiva seu mentorado permite ao mentor acionar esses "botões" de motivação no processo. Se o mentorado é muito movido por propósito e valores, por exemplo, o mentor deve enquadrar os desafios e metas de forma conectada a esses valores. *"Lembre-se do porquê você quer ser gestor – para impactar mais pessoas. Aprender essas habilidades de liderança vai te aproximar desse propósito."*. Se outro mentorado é competitivo e busca excelência, o mentor pode estabelecer *"desafios"* ou metas-estímulo que atiçam esse lado e celebrar conquistas de modo que alimentem a autoestima dele. Conheça bem as motivações do seu mentorado – pergunte sobre seus sonhos, o que o deixa orgulhoso, quem ele admira. Use essas informações para tornar o aprendizado significativo em nível pessoal. Adultos frequentemente aprendem melhor quando sentem que isso os ajuda a se tornarem *a pessoa que querem ser*. Portanto, vincular as atividades de mentoria à identidade ou aspirações do mentorado gera um engajamento profundo. Exemplo: se ele aspira ser um líder inspirador, cada nova habilidade aprendida deve ser comemorada como um passo em direção a *"se tornar o líder inspirador que você almeja"*. Essa linguagem reforça a motivação intrínseca (crescimento pessoal) em vez de só "você precisa aprender isso para ganhar promoção" (que é extrínseco).

Em resumo, aplicar os princípios da andragogia na mentoria significa personalizar a experiência de aprendizado ao adulto que temos à frente – dando propósito claro, respeitando sua autonomia, conectando com suas experiências, focando em problemas reais, trazendo aplicação prática e falando à sua motivação interior. Não por acaso, muitas dessas atitudes já foram discutidas ao longo do capítulo: são exatamente o que diferencia mentoria (que lida com adultos) de uma instrução convencional. Como resultado, o mentorado adulto se sente acolhido em sua forma de ser e aprender, o que aumenta significativamente a efetividade da mentoria.

Para ilustrar, imaginemos uma situação: O mentorado é um profissional de 45 anos, 20 anos de carreira, decidindo se abre o próprio negócio. Ele tem vasto conhecimento na área técnica, mas receios quanto a empreender. O mentor, ciente da andragogia, fará o seguinte: esclarecerá *por que* certas competências de empreendedorismo são necessárias (necessidade de saber), envolverá o mentorado nas decisões sobre o caminho a seguir (autonomia), valorizará a experiência de 20 anos dele – que certamente conta a favor no negócio (experiência prévia), focará em problemas reais e imediatos do plano de negócio (prontidão e aplicação prática), e entenderá que a motivação do mentorado é deixar um legado e ter liberdade (motivações intrínsecas), usando isso como combustível nas conversas. Assim, a mentoria será moldada sob medida para esse adulto – maximizando as chances de sucesso e satisfação.

Personalizando Sessões para Diferentes Perfis de Mentorados

Nenhum mentorado é igual a outro. Cada indivíduo traz um perfil único para a relação de mentoria – uma combinação de personalidade, estilo de aprendizado, bagagem cultural, momento de carreira, dentre outros fatores. Dessa forma, um bom mentor atua quase como um alfaiate: vai ajustando a abordagem para se adequar perfeitamente ao "tamanho e formato" do mentorado. Vamos discutir como personalizar as sessões de mentoria considerando algumas diferenças de perfil comuns.

1. **Estilo de aprendizado:** Alguns mentorados são mais visuais, outros auditivos, outros sinestésicos (aprendem fazendo). Preste atenção em como seu mentorado absorve melhor as informações. Se ele se mostra visual (adora gráficos, diagramas, vídeos), incorpore isso nas sessões – use lousa para desenhar conceitos, compartilhe a tela com esquemas, recomende infográficos ou livros ilustrados. Se for mais auditivo (prefere conversar, ouve podcasts), foque em boas conversas, talvez sugira que grave notas de voz refletindo entre sessões, ou indique podcasts relevantes. Para perfis que aprendem fazendo (mãos na massa), planeje atividades práticas nas sessões: simulações, exercícios, visita a campo se aplicável. Por exemplo, um mentorado "prático" que quer melhorar networking pode ser desafiado a *ir junto com o mentor a um evento e praticar apresentações*, ao invés de só falar teoricamente sobre isso. Adaptar-se ao estilo acelera o aprendizado e torna a mentoria mais prazerosa para o mentorado.
2. **Perfil de personalidade:** Aqui podemos considerar traços diversos – introversão/extroversão, comunicativo vs. analítico, estruturado vs. caótico, etc. Um mentorado introvertido, por exemplo, pode demorar mais a se abrir; o mentor deve respeitar seu tempo, talvez enviar perguntas antes da sessão para ele pensar, ou usar escrita (e-mail, chat) como complemento onde ele se expressa melhor. Já um extrovertido vai querer falar bastante e pensar em voz alta – dê espaço para ele se ouvir, mas ajude-o a focar para não dispersar demais. Se o mentorado é muito analítico e lógico, ele pode preferir estruturas claras, dados e evidências. Nesse caso, traga números, metodologias, esquemas lógicos para discutir os temas – isso o convencerá. Por outro lado, se ele for muito criativo/artístico, abordagens muito rígidas o entediarão; inclua elementos criativos, metáforas, exploração livre de ideias. Tem pessoas que respondem bem a um tom mais desafiador e direto – elas encaram como estímulo – enquanto outras precisam de diplomacia e suavidade, senão se fecham. Ao longo das primeiras sessões, teste os limites: se você foi franco e notou que o mentorado reagiu mal, na próxima seja mais delicado; ou se percebeu que ele até pediu mais franqueza, pode ser mais direto da próxima. Flexione seu estilo de comunicação: para alguns, você será mais ouvinte, para outros, mais falante; para uns, mais emocional, para outros, mais racional – conforme o que ressoa com a pessoa.

3. Diferentes níveis de experiência e carreira: Um mentorado júnior em início de carreira pode precisar de orientações mais estruturadas, até certo "ensinamento" de fundamentos que ele não teve oportunidade de aprender. Provavelmente terá muitas dúvidas básicas e precisará de reforço de confiança. O mentor aqui age quase como um professor/coach inicial: pode ensinar conceitos, dar dicas bem diretas, e também encorajar bastante, pois o jovem profissional tende a duvidar de si. Em contrapartida, um mentorado sênior, com 20 anos de experiência, busca mais um *sparing* para debates estratégicos do que aulas. Ele terá opiniões formadas e às vezes blindagens a críticas. Nesse caso, o mentor atua como questionador e facilitador de reflexão – muitas respostas ele já sabe, o valor estará em oferecer perspectivas externas, desafiar vieses e talvez conectar a gente ou recursos novos. Com alguém experiente, seja cuidadoso para não soar condescendente; reconheça o conhecimento dele e posicione suas sugestões como *troca entre colegas*. Também com sêniores, personalize as referências – se for alguém mais velho, talvez prefira leituras impressas que online, ou valorize exemplos históricos em vez de memes atuais.

4. Origem cultural ou profissional: Se o mentorado vem de uma área profissional distinta da do mentor (por exemplo, mentor é de RH e mentorado é de TI), pode haver diferenças de linguagem e visão de mundo. O mentor deve aprender sobre o contexto do mentorado: jargões, desafios típicos daquela área, para falar a língua dele. Do ponto de vista cultural, se mentor e mentorado têm backgrounds diferentes (por exemplo, países diferentes, ou um do interior outro da capital, etc.), é importante o mentor ser sensível a isso. Algumas culturas valorizam hierarquia e não confrontam diretamente – se notar que o mentorado é muito respeitoso e reluta em discordar, o mentor deve criar mais espaço convidando: *"Por favor, fique à vontade para discordar de mim, ok?"*. Ou se o mentorado vem de um contexto onde pedir ajuda era visto como fraqueza, ele pode ser mais fechado – o mentor precisará ganhar confiança gradativamente e reforçar que *"todos temos o que aprender, estou aqui para apoiar, não para julgar"*. Em resumo, conheça *quem é* o mentorado, de onde ele vem, e adapte seu relacionamento para honrar essa individualidade.

5. Objetivos e necessidades distintas: Personalizar também significa focar nas necessidades específicas de cada mentorado. Um quer desenvolvimento técnico, outro quer aconselhamento político dentro da empresa, outro busca transição de carreira, outro só precisa de alguém que o ouça e ajude a organizar ideias. A mentoria deve ser customizada para atender *aquilo que é prioridade para a pessoa naquele momento*. Parece óbvio, mas às vezes mentores têm uma fórmula pré-definida e aplicam igual para todos. Em vez disso, *co-crie* o formato: se o mentorado aprende melhor fazendo, faça mais dinâmicas; se aprende lendo, indique leituras e discuta; se quer networking, talvez inclua sessões em eventos externos ou apresente pessoas; se o ponto é motivação, pode adotar uma postura mais de cheerleader nos check-ins semanais, e assim por diante. O impacto da mentoria aumenta quando o mentor *entrega o que o mentorado mais valoriza e precisa.*

6. Frequência e intensidade adequadas: Diferentes perfis podem demandar frequências distintas de contato. Por exemplo, um mentorado muito autônomo e ocupado talvez prefira encontros mensais longos, e pouca comunicação intermediária (ele gosta de ter tempo de aplicar sozinho e voltar depois com resultados). Já outro, mais ansioso ou que enfrenta mudanças rápidas, pode se beneficiar de interações semanais curtas, nem que seja 30 minutos, para mantê-lo no eixo. Combine o ritmo que funcione para ambos, e se perceber que está de menos ou demais, ajuste. Personalização também é isso: *cada dupla definindo seu fluxo ideal* em vez de seguir uma cartilha fixa de "encontros quinzenais de 1h".

7. Adaptação de modelos e ferramentas: Se você usa certos modelos (digamos, SWOT pessoal, Canvas de carreira, etc.), avalie se combinam com o perfil. Um mentorado mais introspectivo talvez se solte mais escrevendo num diário (ferramenta escrita), enquanto outro super falante vai preferir sessões ao vivo e post-its coloridos na parede (ferramenta visual e interativa). Esteja pronto para mudar de ferramenta se notar que a proposta não empolgou o mentorado. Por exemplo, tentou um exercício de leitura de artigo e ele procrastinou? Talvez ele preferisse ver um vídeo ou discutir em vez de ler sozinho. Ou se passar um teste de personalidade e ele não curtiu a ideia, não insista – ache outra maneira de abordar autoconhecimento que lhe agrade. Flexibilidade e criatividade na escolha de métodos fazem parte de personalizar.

Vale frisar que personalização não significa abrir mão de direcionamento. O mentor ainda guia, só que guiando de forma customizada. Pense num GPS: para alguns viajantes, ele oferece o caminho mais rápido; para outros, o caminho mais bonito; para outros, evitar estradas de terra – dependendo das preferências e condicionantes. O destino é alcançado em todos os casos, mas a trajetória é ajustada à conveniência de quem está viajando. O mentor faz esse papel para o mentorado, definindo junto o melhor percurso.

Um efeito colateral positivo de personalizar é que o mentorado percebe esse cuidado e se sente valorizado como indivíduo, o que fortalece ainda mais a relação (voltando aos fundamentos de confiança). Mostra que o mentor não está fazendo algo mecânico, mas sim genuinamente empenhado no sucesso *dele*, do jeito que funcione para *ele*. Isso aumenta engajamento e resultados.

Por fim, personalizar também enriquece o próprio mentor. Ao lidar com perfis variados, o mentor expande seu repertório, aprende novas formas de comunicação e desenvolve versatilidade. Cada mentorado "ensina" ao mentor como ser mais adaptável. Com o tempo, o mentor ganha intuição para ler pessoas e ajustar rapidamente sua postura conforme o interlocutor – habilidade valiosa em qualquer liderança. Então, abrace a diversidade de perfis como uma oportunidade de aprendizado bilateral.

Modelos Práticos e Exercícios Prontos para Uso

Para fechar este capítulo com chave de ouro, vamos sugerir alguns modelos e exercícios práticos que o mentor pode levar para as sessões. São recursos «de prateleira» que podem ser adaptados a diferentes situações, proporcionando dinâmica e objetividade à mentoria. Lembre-se de escolher conforme a adequação ao perfil do mentorado e aos objetivos em foco.

1. Modelo GROW (já mencionado):

- **Quando usar:** Para estruturar conversas sobre metas específicas ou desafios pontuais.
- **Como usar:** Siga as etapas: **Goal (Meta)** – ajude o mentorado a definir claramente o que quer; **Reality (Realidade)** – explore a situação atual, dados e fatos; **Options (Opções)** – incentive-o a gerar ideias de solução, discuta alternativas; **Will (Plano)** – defina o que será feito, quando e como.
- **Exemplo prático:** Mentor e mentorado usam GROW para planificar a decisão de fazer uma pós-graduação. *Goal:* decidir se e qual pós iniciar; *Reality:* avaliar situação atual (tempo disponível, recursos financeiros, opções no mercado); *Options:* listar prós e contras de cada opção de curso ou mesmo não fazer; *Will:* escolher uma ação (ex: visitar 2 instituições e conversar com alunos antes de decidir) com prazo.

2. Exercício da Linha do Tempo:

- **Quando usar:** Em fases iniciais, para conhecer o mentorado, ou em momentos de reflexão de carreira/vida.
- **Como usar:** Peça ao mentorado para desenhar uma linha do tempo da própria carreira (ou vida profissional) marcando pontos importantes: conquistas, fracassos, transições, etc. Discuta cada marco – o que aprendeu, como se sentiu. Depois, projete a linha alguns anos à frente: quais objetivos deseja atingir e marcos futuros?
- **Por que é útil:** Ajuda a identificar padrões (por exemplo, "sempre busquei trabalhos com propósito X", ou "nesse ponto eu estava mais feliz – o que havia de diferente?"), além de clarificar a visão de futuro. É um ponto de partida ótimo para definir metas e entender motivações intrínsecas.

3. Análise SWOT Pessoal:

- **Quando usar:** Para mentorados que buscam desenvolvimento de carreira ou aprimoramento pessoal em determinadas competências.
- **Como usar:** Oriente o mentorado a listar suas **Forças (Strengths)**, **Fraquezas (Weaknesses)**, **Oportunidades (Opportunities)** e **Ameaças (Threats)** em relação aos objetivos dele. Forças e fraquezas são internas (habilidades, características pessoais); oportunidades e ameaças são externas (situação do mercado, tendências da área, etc.). Juntos, analisem como usar as forças para aproveitar oportunidades, como mitigar fraquezas e se proteger de ameaças.
- **Exemplo:** Um mentorado querendo empreender pode descobrir que suas forças são conhecimento técnico e rede de contatos; fraqueza é pouca experiência em vendas; oportunidade é mercado em expansão; ameaça é crise econômica. O plano então seria:

capitalizar a rede (força) para conseguir parceiros (oportunidade), e treinar ou trazer alguém de vendas para suprir a fraqueza, etc.

4. *Role-Playing (Simulações):*

- **Quando usar:** Para desenvolver *soft skills* como comunicação, negociação, feedback, entrevistas, apresentações, etc.
- **Como usar:** Escolha uma situação específica que o mentorado precisa praticar. O mentor assume um papel (chefe difícil, cliente exigente, entrevistador) e o mentorado desempenha a si próprio enfrentando aquela situação. Depois, inverter os papéis pode ser instrutivo também – o mentorado finge ser o chefe e o mentor mostra uma possível abordagem de resposta.
- **Após a simulação:** Faça um debriefing. Pergunte ao mentorado como se sentiu, o que acha que foi bem, o que poderia ser diferente. O mentor dá feedback construtivo (volta ao ponto anterior sobre feedback específico). Repitam se necessário tentando incorporar melhorias. Esse treino em ambiente seguro constrói confiança e habilidade. Muitos mentorados reportam que, após ensaiar com o mentor, se sentiram muito mais preparados no momento real.

5. *Perguntas Poderosas Escritas:*

- **Quando usar:** Como "lição de casa" reflexiva entre sessões, especialmente se o mentorado gosta de escrever ou precisa de insight sobre si mesmo.
- **Como usar:** Deixe com o mentorado 1 ou 2 perguntas instigantes para ele responder por escrito antes do próximo encontro. Exemplo de perguntas: *"Quais são os 5 valores mais importantes na sua vida e sua carreira? Sua situação atual está alinhada a eles?"*; *"Que legado profissional você quer deixar em 10 anos?"*; *"Que conselho você daria a si mesmo se estivesse no seu lugar?"*. Na sessão seguinte, com base nas respostas dele, discuta os pontos surpreendentes ou discrepantes que apareceram.
- **Por que funciona:** A escrita força a reflexão estruturada e pode revelar coisas que oralmente não surgiriam (às vezes ao escrever a pessoa acessa camadas mais profundas do pensamento). Além disso, demonstra proatividade do mentorado – ele se envolve mesmo fora das sessões.

6. *Plano de Ação 30-60-90:*

- **Quando usar:** Para mentorados assumindo um novo cargo, novo projeto ou que precisem de **foco em curto prazo**.

- **Como usar:** Co-criem um plano de ação para os próximos 30 dias, depois 60 dias e 90 dias, com metas específicas para cada marco temporal. Esse modelo, comum em gestão, ajuda a dar tração nas primeiras semanas cruciais de um desafio. Por exemplo, se o mentorado virou gerente agora: Plano 30 dias – conhecer equipe, ter 1:1 com cada membro, identificar projetos críticos; 60 dias – implementar melhoria X no processo, resolver pendência Y; 90 dias – apresentar plano estratégico da área para a diretoria. O mentor acompanha esse plano nas sessões, ajudando a cumprir e ajustando conforme necessário.
- **Benefício:** Dá clareza e urgência. O mentorado visualiza conquistas tangíveis a curto prazo, o que gera motivação. Também permite celebrações a cada etapa concluída (reforço positivo).

7. *Técnica dos* 5 Porquês:

- **Quando usar:** Quando o mentorado traz um problema ou obstáculo e é preciso entender a **causa raiz** para agir efetivamente.
- **Como usar:** Trata-se de perguntar sucessivamente "por quê" sobre a situação, cerca de cinco vezes, ou até chegar na causa fundamental. Por exemplo, mentorado diz: "Não consigo gerenciar meu tempo." Mentor: "Por que não consegue?" Mentee: "Porque tenho tarefas demais." Mentor: "Por que tem tarefas demais?" Mentee: "Não sei dizer não." Mentor: "Por que não consegue dizer não?" Mentee: "Porque tenho medo de desapontar as pessoas." Pronto – chegamos possivelmente à raiz: medo de desapontar, que resulta em sobrecarga. A partir daí, as ações podem se direcionar a trabalhar assertividade e compreensão de limites, em vez de simplesmente dar dicas de agenda ou app de produtividade, que atacariam só o sintoma.
- **Cuidados:** Faça com tato, explicando que não é para o mentorado se sentir na defensiva; é uma técnica para ambos explorarem fundo o problema. E às vezes menos de 5 "porquês" bastam, ou mais, depende do caso. O importante é escavar em profundidade.

Esses são alguns entre muitos possíveis exercícios e modelos. A ideia não é usar todos com o mesmo mentorado, mas ter um arsenal variado para sacar conforme a necessidade. Além disso, incentivar o mentorado a propor exercícios também pode ser ótimo – por exemplo, ele pode dizer: "Eu vi na internet um desafio de 21 dias de fazer networking todo dia, posso tentar e te conto." – fantástico! O mentor deve apoiar iniciativas assim, que mostram autoconhecimento do mentorado sobre o que funciona para ele.

Ao aplicar modelos e exercícios práticos, a mentoria ganha dinâmica e objetividade. Eles funcionam como catalisadores de discussão e aprendizagem. Porém, atenção: não se prenda rigidamente a um exercício se a conversa espontânea estiver fluindo bem e cumprindo o objetivo.

Use-os de forma estratégica, mas mantenha espaço para a relação humana e para a flexibilidade do momento.

Por fim, acompanhe os resultados desses exercícios. Se fizeram um role-play, volte depois para perguntar como foi a situação real e celebre o sucesso ou reajuste a abordagem. Se o mentorado respondeu perguntas por escrito, veja se houve evolução no pensamento dele comparado ao início. Assim, fecha-se o ciclo do aprendizado: **planejar -> agir -> refletir -> aprender -> agir de novo...**. Cada exercício bem aproveitado é um degrau a mais na escalada do desenvolvimento do mentorado – e no do mentor também.

Com isso, encerramos este capítulo repleto de estratégias para planejar e conduzir sessões de mentoria de forma eficaz. Vimos que uma boa sessão não acontece por acaso: exige preparo, técnica, empatia e adaptabilidade por parte do mentor. Quando bem conduzidas, as sessões viram experiências memoráveis de crescimento, onde *insight* e ação se combinam. E somando sessão após sessão, modelo após modelo, vamos construindo não apenas competências, mas a confiança e a realização que compõem o legado do mentor para com seu mentorado. Em capítulos seguintes, continuaremos a explorar outras facetas desse legado, mas agora com a certeza de que os alicerces (relação sólida) e a construção (sessões bem planejadas) estão firmes, podemos arquitetar voos ainda mais altos para essa parceria de sucesso.

Para apoiar sua atuação como mentor, três ferramentas podem ajudar a estruturar e acompanhar sua prática:

- O **Diário de Sessões** permite registrar impressões e aprendizados após cada encontro, ajudando a refinar sua escuta e sua abordagem.
- A **Agenda do Mentor** organiza os temas de cada encontro e alinha expectativas com o mentorado ao longo do tempo.
- O **Plano de Desenvolvimento** funciona como um guia visual da jornada, com metas, marcos e ações combinadas.

Essas ferramentas estão disponíveis no **Kit do Mentor** e podem ser utilizadas desde a primeira sessão para dar clareza, continuidade e profundidade à sua mentoria.

Exercício Prático + Kit do Mentor

Conduza Sessões com Clareza, Presença e Propósito

Uma boa sessão de mentoria não depende de fórmulas prontas — mas sim de preparação, escuta e intencionalidade. Como mentor, você pode transformar cada encontro em uma experiência marcante de evolução para o mentorado.

Para isso, responda com sinceridade:

- Como você prepara suas sessões? Há um objetivo claro para cada encontro?
- Você dedica tempo para refletir após cada sessão? O que funcionou? O que pode melhorar?
- Está adaptando sua abordagem de acordo com o perfil e momento do mentorado?
- Seus encontros estão promovendo avanços visíveis, ou viraram apenas "bate-papo"?

Para estruturar melhor cada etapa do processo de mentoria, utilize os materiais práticos do **Kit do Mentor**:

- **Modelos de Sessão (Inicial, Intermediária, Final)** – Planeje com propósito cada fase da jornada.
- **Agenda do Mentor** – Organize compromissos, objetivos e temas a serem trabalhados.
- **Folha de Registro** – Documente os principais aprendizados, desafios e próximos passos de cada sessão.

Todos os materiais estão disponíveis gratuitamente em:
www.atitudeinfinita.org/kitdomentor

Resumo da Parte 7 – Planejamento e Condução de Sessões

Ponto-chave:

Sessões bem conduzidas são encontros transformadores — planejamento evita desperdício de tempo e energia.

O que você aprendeu:

- Como criar uma agenda objetiva e manter o foco da sessão.
- A importância de começar, desenvolver e encerrar cada encontro com clareza.
- Que cada sessão precisa gerar ação, reflexão ou aprendizado concreto.

Como aplicar na prática:

- Antes da sessão, prepare uma pauta com: objetivo, tópicos, tempo e próximo passo.
- Reserve tempo para escuta, reflexão e definição de ações práticas.
- Documente e compartilhe os acordos após cada encontro.

Erros comuns a evitar:

- Começar sem objetivo claro.
- Sair da sessão sem combinar próximos passos.
- Falar mais do que ouvir ou dar "aula" em vez de mentorar.

Desafio para você:

Prepare a pauta do seu próximo encontro com um mentorado. Inclua 3 tópicos e uma pergunta poderosa que gere reflexão.

Ferramentas Recomendadas do Kit do Mentor – Parte 7

Para organizar suas sessões de mentoria com foco, clareza e intencionalidade, utilize os recursos da Parte 7 no Kit do Mentor:

Ferramenta	**Finalidade**
Roteiro Estruturado de Sessões	Modelo pronto com etapas de abertura, meio e encerramento.
Diário de Bordo do Mentor	Registro contínuo de percepções, avanços e desafios de cada sessão.
Plano de Desenvolvimento do Mentorado	Documento para alinhar objetivos, metas e estratégias de acompanhamento.
Agenda de Sessões	Organização prática de datas, temas e objetivos de cada encontro.
Modelo de Personalização de Sessões	Adapte sua abordagem aos diferentes perfis e estágios dos mentorados.

Todas as ferramentas estão disponíveis gratuitamente em:
www.atitudeinfinita.org/kitdomentor

Parte 8 – Feedback, Avaliação e Evolução

"O Anderson foi minha estrela guia. Quando perdi a confiança, ele acreditou em mim. Com seus conselhos diretos e sua forma generosa de guiar, me ajudou a mostrar meu trabalho com mais segurança e orgulho. Foi um norte para mim."

– Nivi Shringi, Program Manager II, Microsoft – Índia

Nos capítulos anteriores, exploramos os fundamentos da mentoria e como construir uma relação de confiança entre mentor e mentorado. Agora, aprofundaremos três pilares essenciais para o sucesso contínuo dessa jornada: feedback, avaliação e evolução. Estes elementos andam de mãos dadas e garantem que a mentoria seja um processo dinâmico de crescimento para ambos os envolvidos. Ao longo deste capítulo, discutiremos:

- A importância do feedback contínuo e construtivo na mentoria.
- Como dar feedback de forma eficaz e empática.
- Métodos de avaliação do progresso do mentorado **e** da própria mentoria.
- A autoavaliação do mentor como ferramenta de crescimento.
- A avaliação conjunta como parte da construção de confiança na relação.
- Ferramentas práticas, como a matriz SWOT pessoal, formulários de avaliação e journaling, para apoiar o desenvolvimento.
- A mentoria como um processo de coevolução, no qual **ambos crescem juntos**.
- Modelos práticos, exemplos e exercícios que promovem reflexão e evolução contínua.

Vamos então descobrir como o Legado do Mentor se consolida com práticas reflexivas e feedback mútuo, tornando a mentoria uma via de mão dupla enriquecedora.

A importância do feedback contínuo e construtivo na mentoria

O feedback contínuo e construtivo é um dos alicerces de uma mentoria bem-sucedida. Diferente de avaliações formais ou anuais, o feedback na mentoria acontece de forma frequente e orientada para o desenvolvimento. Mas por que isso é tão importante? Em essência, feedback significa "retorno de informação" – é compartilhar impressões sobre ações, comportamentos ou resultados, com o intuito de alinhar expectativas e promover melhorias. Quando incorporado na mentoria, o feedback age como uma bússola, mantendo mentorado e mentor na direção certa em relação aos objetivos traçados.

Continuidade: Um erro comum é pensar que feedback é algo reservado para momentos pontuais ou apenas ao final de um ciclo. Na verdade, feedback efetivo deve ser dado sempre que necessário, celebrando conquistas e apontando oportunidades de melhoria em tempo hábil. Essa continuidade evita surpresas desagradáveis e permite ajustes de rota imediatos, garantindo que o mentorado esteja sempre aprendendo e evoluindo a cada passo. Lembre-se: pequenos realinhamentos frequentes são mais eficazes do que longos silêncios seguidos de uma lista de críticas acumuladas.

Construtividade: Feedback construtivo não é sinônimo de elogios vazios nem de críticas severas; ele se baseia em orientar e fortalecer. Isso significa destacar o que foi feito de bom e o que pode ser melhorado, de forma equilibrada. Um feedback construtivo fornece exemplos específicos e, principalmente, aponta caminhos de desenvolvimento em vez de apenas evidenciar falhas. Por exemplo, em vez de dizer *"Você apresentou mal aquele projeto"*, um mentor construtivo poderia observar: *"Notei que você estava nervoso na apresentação (fato) e isso fez com que você falasse muito rápido (impacto). Que tal praticarmos técnicas de respiração e ritmo de fala para a próxima vez? (sugestão)"*. Nesse exemplo, o mentor identificou uma área de melhoria e já ofereceu apoio e sugestões práticas para evolução.

Ambiente de confiança: É fundamental salientar que feedback efetivo só ocorre plenamente em um contexto de confiança e segurança psicológica. O mentorado precisa sentir que pode ouvir (e dar) feedback sem medo de julgamentos ou retaliações. Por isso, desde o início da mentoria, o mentor deve trabalhar para criar um ambiente acolhedor, onde erros sejam vistos como oportunidades de aprendizado. Quando o mentor se mostra acessível e encoraja perguntas e honestidade, o mentorado entende que pode expor dúvidas e inseguranças sem receio. Essa transparência abre espaço para conversas francas e construtivas, tornando o feedback parte natural do diálogo e construindo confiança mútua. Em um ambiente assim, até feedbacks desafiadores são melhor recebidos, pois o mentorado sabe que o mentor tem intenção genuína de ajudar em seu crescimento.

Alinhamento com objetivos: Outro motivo pelo qual o feedback contínuo é importante na mentoria é manter o mentorado alinhado aos objetivos traçados. Às vezes, ao longo do caminho, podemos nos desviar ou perder o foco. O feedback atua como um lembrete e um reafirmador das metas: quando o mentor percebe que a direção está fugindo do planejado, ele pode gentilmente realinhar o curso. Da mesma forma, quando o mentorado dá um passo significativo em direção à meta, o mentor deve reconhecer e reforçar esse progresso, pois isso aumenta a motivação. Como bem colocado em um artigo de liderança, *"a mentoria contribui para o desenvolvimento pessoal, enquanto o feedback contínuo garante o ajuste de rota"*, mantendo todos alinhados e motivados.

Em resumo, feedback na mentoria é sinônimo de cuidado com o crescimento. Ao oferecer retornos constantes e construtivos, o mentor demonstra compromisso com o desenvolvimento do mentorado. Esse processo contínuo de ajustes finos e encorajamento cria um ciclo virtuoso: o mentorado sente-se apoiado e desafiado na medida certa, desenvolvendo-se com mais rapidez e confiança; e o mentor vê os resultados de sua orientação, podendo calibrar sua abordagem conforme necessário. Nos próximos tópicos, veremos *como* fornecer esse feedback de maneira eficaz e algumas técnicas para garantir que ele seja realmente construtivo e empático.

Como dar feedback de forma eficaz e empática

Saber **dar feedback** é uma arte que combina franqueza, técnica e empatia. Um feedback mal conduzido pode desmotivar ou criar atritos; já um feedback bem formulado tem o poder de iluminar pontos cegos e impulsionar o mentorado rumo ao aprimoramento. Vamos explorar princípios e métodos para garantir que suas devolutivas sejam claras, construtivas e dadas com sensibilidade.

1. Prepare o terreno com confiança e clareza: Como mencionado, a base de qualquer bom feedback é a confiança mútua. Certifique-se de que a relação de mentoria já tenha um respaldo de respeito e abertura antes de entrar em questões mais delicadas. Inicie a conversa de feedback contextualizando positivamente, reafirmando o propósito comum de desenvolvimento. Deixe claro que seus comentários visam apoiar o crescimento do mentorado. Quando o mentorado percebe essa intenção genuína, ele se torna mais receptivo, entendendo que não é um julgamento de valor sobre ele como pessoa, mas sim uma análise de situações e comportamentos visando a evolução.

2. Seja específico e objetivo: Feedback genérico tem pouca utilidade e pode gerar confusão ou defesa. Evite comentários vagos como *"você precisa ser melhor"* ou *"não gostei do seu trabalho"*. Em vez disso, traga exemplos concretos: foque em fatos observáveis e resultados mensuráveis. Por exemplo: *"Na última reunião, reparei que você não interagiu quando o cliente fez perguntas"* é uma observação específica, muito mais clara do que dizer *"você é muito passivo"*. Ao tornar o feedback objetivo, você facilita a compreensão do mentorado sobre o que exatamente pode ser melhorado. Conforme orientações de especialistas, o feedback eficaz deve ser objetivo, específico e focado no desenvolvimento do mentorado. Ou seja, descreva o comportamento ou situação, explique por que aquilo é importante (impacto) e direcione para a melhoria.

3. Escolha o momento adequado: A temporalidade faz diferença. Dê feedback o mais próximo possível do evento relevante – nem no calor do momento de estresse, nem meses depois quando o assunto esfriou. Logo após uma apresentação, por exemplo, o conteúdo está fresco na mente de ambos, tornando o feedback mais concreto. Entretanto, avalie o estado emocional: se o mentorado acabou de passar por uma situação frustrante, talvez seja melhor esperar algumas horas ou até o dia seguinte, para que ele assimile melhor. O importante é não deixar de dar o feedback – quando demora demais, perde-se o contexto e a chance de correção rápida. Lembre-se também de considerar a privacidade: elogios podem ser públicos, mas correções devem ser feitas em particular, para evitar constrangimento.

4. Use a comunicação empática: A maneira como você diz é tão importante quanto o que você diz. Adote um tom respeitoso e acolhedor. Feedback deve ser sempre respeitoso, assertivo e inteligente, mantendo uma postura humanizada. Isso significa falar com consideração pelos sentimentos do mentorado, mas sem fugir da honestidade necessária. Evite rótulos e julgamentos pessoais (nunca diga algo como "você é preguiçoso" ou "você não leva jeito"), foque nos comportamentos: "nesse projeto específico, percebi atrasos na entrega das tarefas". Coloque-se no lugar do mentorado ao formular as frases – como você reagiria se estivesse ouvindo aquilo? A empatia também envolve escuta ativa: permita que o mentorado responda, explique seu ponto de vista ou dificuldades. Transforme o feedback em um diálogo, e não um monólogo do mentor. Por exemplo, após dar seu ponto de vista, você pode perguntar: *"Como você se sentiu em relação a isso? O que acha que poderia ser feito diferente?"*. Essa abordagem engaja o mentorado na busca de soluções e demonstra que sua opinião importa.

5. Equilíbrio entre pontos fortes e fracos: Todo profissional, especialmente alguém em processo de aprendizado, terá aspectos positivos e outros a desenvolver. Um feedback só de críticas pode desanimar; somente elogios, por sua vez, podem mascarar pontos importantes a melhorar. Portanto, busque balancear. Comece reconhecendo as conquistas e avanços do mentorado: isso não é "dourar a pílula", e sim ser justo e motivador. Um elogio genuíno – *"Você mostrou ótima proatividade ao assumir aquela tarefa extra"* – reforça comportamentos desejáveis e deixa o mentorado mais confiante para ouvir, em seguida, os pontos de melhoria. Após destacar um ou dois pontos positivos, aborde as oportunidades de crescimento de forma construtiva, seguindo as dicas anteriores (especificidade, empatia). Muitos chamam isso de *"técnica do sanduíche"* (elogio-crítica-elogio); use essa técnica com sinceridade, sem inventar elogios artificiais, pois feedback precisa ser autêntico. O importante é o mentorado sair da conversa ciente do que faz bem (para continuar fazendo) e do que precisa mudar (com ideias de como mudar).

6. Foque no futuro – pratique o "feedforward": Além de analisar o que já passou, direcione a conversa para o futuro. O conceito de *feedforward* consiste em sugerir comportamentos ou ações futuras em vez de apenas comentar ações passadas. Por exemplo, ao invés de apenas dizer *"Sua comunicação não foi clara na reunião de hoje"*, reframe para *"Na próxima reunião, que tal estruturar os pontos-chave num resumo? Acho que isso vai deixar sua comunicação mais clara"*. Dessa forma, você orienta o mentorado sobre *como melhorar daqui em diante*. Essa abordagem é otimista e orientada a soluções, o que tende a motivar mais do que ficar remoendo erros passados. Claro, é válido mencionar o ocorrido para contextualizar, mas mantenha o foco em o que fazer melhor na próxima vez.

7. Permita e encoraje o feedback do mentorado: Uma mentoria eficaz deve abrir mão da hierarquia rígida quando se trata de aprendizado. Ou seja, não só o mentorado, mas também o mentor pode (e deve) receber feedback. Pergunte sinceramente ao seu mentorado como ele percebe suas orientações: *"Está claro o modo como estou te guiando? Há algo que eu poderia fazer diferente para* *te ajudar mais?*". Essa atitude humilde mostra que você valoriza a opinião dele e está disposto a melhorar também. Além de fortalecer a confiança, essa troca dá ao mentor insights sobre seu próprio estilo. Muitos mentores relatam que ouvir a perspectiva do mentorado sobre a mentoria os ajudou a aprimorar suas habilidades de comunicação e orientação. Portanto, crie momentos para essa via de mão dupla – por exemplo, ao final de uma grande etapa ou projeto, convide o mentorado a também lhe dar um feedback. Lembre-se de acolher esse retorno com mente aberta e gratidão, exatamente como espera que ele faça com o seu feedback. Esse *feedback do mentorado* é um dos pontos que diferencia mentores excelentes: a capacidade de aprender com quem aprendemos.

Resumindo, dar feedback eficaz e empático requer prática e consciência. No começo, pode ser desafiador encontrar as palavras certas ou o equilíbrio ideal, mas com o tempo e a aplicação dessas diretrizes você se tornará mais confortável nesse papel. A recompensa vale a pena: um mentorado que recebe feedback claro e gentil tem muito mais chance de crescer rapidamente e de manter-se engajado. Ele saberá exatamente onde focar seus esforços de melhoria e se sentirá apoiado nessa jornada. Já vimos o "como dizer"; a seguir, exploraremos *o que avaliar* durante o processo de mentoria – afinal, de nada adianta dar feedback se não tivermos definido critérios e métodos para avaliar o progresso.

Métodos de avaliação do progresso do mentorado (e da mentoria)

Tão importante quanto orientar e dar feedback é avaliar o progresso que está sendo alcançado. A mentoria, diferentemente de um curso formal, nem sempre tem métricas óbvias de sucesso – não há notas ou diploma ao final. Por isso, mentores e mentorados devem adotar maneiras de acompanhar a evolução das metas traçadas e verificar se a mentoria está realmente fazendo diferença. Aqui, discutiremos métodos práticos para avaliar o progresso do mentorado e também para avaliar a eficácia da própria relação de mentoria ao longo do tempo.

1. **Definição inicial de metas claras:** A avaliação começa antes mesmo do progresso acontecer – ela se fundamenta em objetivos bem definidos no início. Logo no primeiro encontro (ou nos iniciais), mentor e mentorado devem trabalhar juntos para estabelecer metas SMART (específicas, mensuráveis, atingíveis, relevantes e com prazo definido) ou outra forma de objetivo claro. Por exemplo: "melhorar a habilidade de apresentação em público em 6 meses" é uma meta específica e temporal. Sem metas definidas, não há parâmetro para dizer se houve avanço ou não. Essas metas formarão a bússola da mentoria e servirão como referência para avaliações futuras. Conforme vimos, um Plano de Desenvolvimento Individual (PDI) ou similar pode ser elaborado para documentar esses objetivos e os passos para alcançá-los. Esse plano facilita mensurar o progresso ao longo do tempo, pois funciona como um contrato de expectativas.

2. Acompanhamento regular e revisão de objetivos: Com as metas em mãos, é fundamental medir o progresso regularmente. Uma boa prática é, a cada poucas sessões (por exemplo, mensal ou bimestralmente), fazer uma revisão de progresso: retomar cada objetivo estabelecido e discutir em que pé estão. Pergunte: *"O que já conquistamos até agora? Estamos mais perto da meta X? Se não, por quê?"*. Nessas revisões, identifique marcos atingidos (por exemplo: mentorado completou um curso relevante, concluiu um projeto, ganhou confiança para falar em público etc.) e aponte os itens ainda pendentes. Esse processo permite celebrar pequenas vitórias e também recalibrar o que for preciso. Se perceberem que alguma meta inicial tornou-se irrelevante ou muito fácil/difícil, não há problema em ajustá-la – a mentoria é flexível e deve se adaptar às necessidades reais do mentorado.

Uma dica prática: anote indicadores de progresso. Dependendo do tipo de objetivo, os indicadores variam – podem ser resultados concretos (como "conseguiu uma promoção no trabalho" ou "lançou seu primeiro site"), podem ser métricas de desempenho (aumento de 20% nas vendas, por exemplo), ou até indicadores comportamentais qualitativos ("demonstra mais iniciativa nas reuniões", "relatou melhoria na gestão do tempo"). Registre esses indicadores em um documento compartilhado com o mentorado. Assim, ambos conseguem visualizar a evolução de forma tangível.

3. Avaliação 360° ou feedback de terceiros: Para ter uma visão mais completa do desenvolvimento do mentorado, pode ser valioso trazer outras perspectivas além da do mentor e do próprio mentorado. Em contextos profissionais, por exemplo, se o mentorado está trabalhando em melhorar liderança, o mentor pode colher percepções de colegas ou subordinados do mentorado (com consentimento, claro) para ver se eles notam mudanças. Essa espécie de *feedback 360°* fornece dados ricos: talvez colegas notem que o mentorado agora comunica melhor os objetivos da equipe, ou que se tornou mais organizado – coisas que o mentor sozinho não veria no dia a dia. Na ausência de colegas (por exemplo, numa mentoria acadêmica ou pessoal), outra alternativa é convidar o mentorado a trazer evidências externas de progresso: avaliações acadêmicas, feedback do chefe, resultados de projetos etc., conforme o caso. Essas informações complementam o panorama e ajudam a validar se as melhorias percebidas no âmbito da mentoria estão se refletindo no mundo real.

4. Autoavaliação do mentorado: Não subestime o poder da autoavaliação. Pergunte ao mentorado, periodicamente, como ele próprio avalia seu progresso. Muitas vezes, o mentorado pode ter insights valiosos sobre o que mudou em sua mentalidade ou atitude. Faça perguntas diretas: *"Em uma escala de 1 a 5, como você se avaliaria hoje em habilidade X, comparado ao início da mentoria?"*; *"Quais conquistas você acredita ter alcançado desde que começamos?"*; *"Qual área você sente que ainda precisa de mais foco?"*. Essas reflexões estimulam o mentorado a desenvolver autoconsciência, além de servirem como termômetro para o mentor. Se o mentorado sente que progrediu pouco em determinada área, é um sinal de que talvez seja preciso intensificar esforços ali ou mudar a abordagem. A autoavaliação é também um exercício de responsabilidade: o mentorado assume o protagonismo de sua evolução, ao reconhecer seus próprios avanços e desafios. Incentive-o a ser honesto consigo mesmo, pois essa honestidade guia a mentoria para os pontos que realmente importam.

5. Avaliação da própria mentoria: Além de avaliar *o mentorado*, avalie também *o processo de mentoria*. Em outras palavras, o que está funcionando na dinâmica mentor-mentorado e o que pode melhorar? Veremos adiante a importância da avaliação conjunta, mas desde já o mentor pode fazer algumas checagens: a frequência dos encontros está adequada? As sessões estão produtivas ou dispersivas? As metas definidas ainda fazem sentido? Ambos estão cumprindo suas responsabilidades (mentor passando tarefas ou conteúdos, mentorado executando e trazendo retornos)? Se algo estiver desalinhado – por exemplo, o mentorado frequentemente não realiza as atividades combinadas – é hora de conversar francamente e entender se há obstáculos ou se é preciso repactuar expectativas. Avaliar a mentoria em si garante que o relacionamento permaneça saudável e efetivo. Em programas formais, muitas vezes existem formulários para o mentor avaliar o programa e vice-versa; mas em contextos informais, essa análise fica a cargo dos envolvidos. O importante é não manter uma mentoria "no piloto automático": reflita sobre o andamento e tenha coragem de propor mudanças caso algo não esteja ideal.

6. Reuniões de avaliação e ajuste: Uma prática altamente recomendada é reservar momentos específicos para reavaliação e ajuste do plano de mentoria. Por exemplo, a cada três meses, ou na metade da duração planejada da mentoria, façam uma reunião dedicada apenas a avaliar o progresso e a própria relação. Nessa reunião, recapitule os objetivos, discuta cada um, ouça o relato do mentorado sobre sua evolução e compartilhe sua perspectiva de mentor. Com base nisso, realizem ajustes: talvez adicionar um novo objetivo (se já cumpriram muitos dos iniciais), ou remover/modificar algo que não se aplica mais, ou alterar a frequência de encontros, etc. Essa revisão formal ajuda a garantir que as necessidades do mentorado estejam sendo atendidas e que a mentoria continue relevante. Além disso, demonstra profissionalismo e cuidado por parte do mentor, pois transmite a mensagem "vamos analisar seriamente se estamos no caminho certo e otimizar o que for possível".

Em síntese, avaliar o progresso na mentoria é um processo contínuo e participativo. Não se trata de dar uma "nota" ao mentorado, mas de acompanhar de perto a trajetória, reconhecendo conquistas e identificando rapidamente os desvios ou dificuldades. Essa avaliação sistemática permite que o mentor mude de estratégia quando necessário – por exemplo, percebendo que uma técnica de ensino não surtiu efeito, pode experimentar outra; ou notando que o mentorado evoluiu muito em certa área, pode propor desafios mais avançados. Para o mentorado, ver seu progresso de forma concreta é motivador e reforça o valor da mentoria. Ele passa a enxergar uma conexão clara entre o esforço investido e os resultados colhidos, aumentando seu engajamento. Nos próximos tópicos, aprofundaremos a ideia de autoavaliação do mentor e avaliação conjunta, que complementam esse panorama, garantindo que *todos* – mentorado, mentor e a relação em si – estejam evoluindo.

Autoavaliação do mentor como ferramenta de crescimento

Ao falar de mentoria, costuma-se enfatizar o desenvolvimento do mentorado. No entanto, um bom mentor também está em constante desenvolvimento. A mentoria de sucesso é uma via de mão dupla, e o mentor sábio aproveita a oportunidade para crescer junto com o mentorado. Para isso, é essencial praticar a autoavaliação: um olhar crítico e reflexivo sobre o próprio desempenho como mentor. Aqui, abordaremos por que e como o mentor pode (e deve) se autoavaliar ao longo da jornada.

Humildade e mentalidade de aprendizado: O primeiro passo para a autoavaliação é adotar uma postura de humildade. Reconheça que, por mais experiente que você seja em sua área, como mentor você também está aprendendo – aprendendo a ensinar, a comunicar, a inspirar. Essa mentalidade de *"sempre aprendiz"* abre caminho para avaliar suas ações sem defensividade. Lembre-se das palavras de muitos mentores experientes: frequentemente eles dizem que aprendem tanto quanto ensinam durante uma mentoria. De fato, ao explicar conceitos ao mentorado, o mentor "reaprende" aqueles conceitos sob uma nova perspectiva – a perspectiva do aprendiz. Portanto, encare cada sessão não só como uma aula que você dá, mas também como uma aula que você recebe sobre comunicação, paciência, criatividade e até sobre você mesmo.

Reflexão pós-sessão: Uma prática útil é, após cada encontro de mentoria, reservar alguns minutos para refletir sobre como foi a sessão para você, o mentor. Pergunte a si mesmo: *Consegui transmitir bem as ideias? Ouvi ativamente o mentorado ou falei mais do que devia? Os conselhos que dei foram realmente úteis e adaptados à realidade dele? Mantive a paciência e empatia, mesmo diante de eventuais dificuldades?* Anote suas impressões em um diário ou arquivo pessoal (veremos adiante sobre journaling). Essa reflexão estruturada ajuda a cristalizar aprendizados enquanto ainda estão frescos na memória. Por exemplo, você pode perceber que em determinada sessão interrompeu o mentorado várias vezes – ciente disso, pode se policiar para melhorar a escuta ativa no próximo encontro. Ou talvez note que ficou sem resposta para uma dúvida técnica que ele trouxe; isso indica uma oportunidade de estudar mais sobre o assunto e trazer a resposta na próxima vez. Cada sessão então se torna não apenas um avanço para o mentorado, mas também um *degrau de aperfeiçoamento* para o mentor.

Feedback do mentorado e de pares: Já mencionamos anteriormente, mas vale reforçar: busque feedback externo sobre sua atuação como mentor. O interlocutor mais óbvio é o próprio mentorado – crie espaços seguros para perguntar honestamente a ele como você pode melhorar. Muitas organizações de mentoria também promovem trocas entre mentores ou sessões de supervisão, nas quais mentores mais experientes ou coordenadores do programa oferecem feedback. Se você tiver acesso a isso, aproveite. Outra ideia é conversar com pares (outros mentores) sobre desafios comuns – às vezes, ao ouvir histórias de outros, você enxerga pontos cegos nos quais não tinha pensado. A autoavaliação não precisa ser um ato solitário; ela pode se enriquecer muito com o olhar dos outros. Esteja aberto a ouvir mesmo críticas construtivas sobre seu estilo, pois isso faz parte do seu crescimento. Mentores exemplares destacam que, ao se abrirem ao feedback dos mentorados, criam um ciclo de aprendizado contínuo e aprimoramento mútuo.

Ferramentas de autoavaliação: Assim como o mentorado pode usar ferramentas para se avaliar, o mentor também pode lançar mão de algumas. Uma sugestão é fazer sua própria matriz

SWOT pessoal focada no papel de mentor (voltaremos à matriz SWOT em breve). Liste suas forças como mentor (por ex.: experiência técnica vasta, habilidade de motivar, rede de contatos), suas fraquezas (ex.: impaciência, dificuldade com feedback negativo, pouca experiência didática), oportunidades (ex.: cursos de mentoria que pode fazer, mentorias em novas áreas que ampliariam sua experiência) e ameaças (ex.: falta de tempo para se dedicar, tendência a assumir um papel de "chefe" em vez de mentor). Essa análise franca pode guiar você em pontos a desenvolver – talvez você descubra que precisa praticar a escuta ativa, ou aprender metodologias de coaching para complementar sua mentoria.

Outra ideia é utilizar **checklists ou questionários de autoavaliação de mentores. Existem programas que fornecem listas de verificação do tipo: "Você estabeleceu objetivos claros com seu mentorado? – Sim/Não"; "Com que frequência você dá feedback construtivo? – Semanal/ Mensal/Raramente"; "Seu mentorado confia em você e se sente** à vontade para ser franco? – Sim/ Não/Não sei". Ao responder questões assim, você pode identificar áreas onde está forte e outras onde precisa se concentrar. Caso não tenha um formulário pronto, você mesmo pode criar algumas perguntas-chave para se avaliar mensalmente.

Ajustando o rumo do mentor: A principal finalidade da autoavaliação é ajustar seu próprio rumo como mentor. Após identificar algo a melhorar, trace um plano de ação. Por exemplo, se você reconheceu que não tem dado muita voz ao mentorado nas sessões (talvez esteja "dando aula demais"), estabeleça como meta a partir de agora fazer pelo menos 5 perguntas abertas por sessão e deixar o mentorado elaborar respostas, enquanto você guia sutilmente. Se o problema é gestão de tempo – sessões estourando o horário ou encontros cancelados com frequência – comprometa-se a melhorar sua organização e cumprir a agenda combinada, pois a pontualidade e consistência do mentor também educam pelo exemplo. Em resumo, use o insight da autoavaliação para implementar mudanças concretas no seu estilo. Não tenha medo de compartilhar com o mentorado algumas melhorias que você está buscando em si – isso humaniza a relação e mostra que você também leva a sério seu próprio crescimento.

Celebrando suas vitórias enquanto mentor: Por fim, autoavaliar-se não é só procurar falhas; é também reconhecer e celebrar o que você está fazendo bem. Se o mentorado progrediu, parte desse mérito é seu – você conseguiu apoiá-lo, motivá-lo, talvez abrir portas. Permita-se sentir orgulho desse impacto positivo. Note também seu próprio desenvolvimento: talvez antes você tivesse dificuldade em dar feedback e agora já se sente confiante; ou quem sabe você aprendeu, com seu mentorado, sobre uma tecnologia nova. Essas são vitórias na sua jornada como mentor que merecem reconhecimento interno. Tal como o mentorado se sente motivado ao perceber conquistas, o mentor também ganha energia ao reconhecer que está evoluindo e tocando vidas positivamente.

Em síntese, a autoavaliação transforma a mentoria em uma estrada de mão dupla, onde o mentor também é continuamente lapidado. Um mentor que se avalia torna-se, a cada dia, mais preparado, mais empático e mais eficaz. E isso tem efeito multiplicador: mentores melhores geram mentorados melhores, que por sua vez poderão futuramente mentorar outras pessoas, perpetuando um legado de desenvolvimento. Agora, avancemos para a ideia de avaliação *conjunta* e como ela fortalece ainda mais a parceria.

Avaliação conjunta como parte da construção de confiança

A **avaliação conjunta** é o momento em que mentor e mentorado, juntos, analisam a caminhada que vêm trilhando. Diferentemente da avaliação individual (o mentor avaliando o mentorado, ou o mentorado avaliando-se, como discutimos), aqui a ideia é ambos se sentarem lado a lado, figurativamente falando, e examinarem a relação de mentoria e o progresso de maneira colaborativa. Essa prática tem dois grandes benefícios: ajusta expectativas e estratégias de forma colaborativa, e reforça tremendamente a confiança mútua, pois demonstra transparência e parceria. Vamos entender como conduzir essa avaliação conjunta e por que ela é tão poderosa.

Crie um momento dedicado para isso: Em meio às atividades normais de mentoria (discussões técnicas, conselhos, resolução de problemas), pode ser necessário separar um encontro específico apenas para avaliação conjunta. Pode ser ao final de um ciclo (três meses, seis meses) ou em um ponto intermediário definido. O importante é comunicar claramente: *"Na próxima sessão, gostaria que fizéssemos uma avaliação do nosso progresso e da nossa parceria até aqui."* Isso prepara o mentorado para refletir também e vir disposto ao diálogo. Nessa reunião, tire o chapéu de "mentor ensinando" e coloque o de dois colegas analisando um projeto em comum – o projeto, no caso, é o desenvolvimento do mentorado e a eficácia da mentoria.

Analise as metas e progresso lado a lado: Relembre os objetivos iniciais e veja, um a um, o quanto já se avançou. Essa revisão conjunta deve ser honesta e aberta. Comemorem o que deu certo – é um esforço de ambos que deu fruto. Ao mesmo tempo, discutam sem culpas o que não avançou como esperado: *"Não atingimos ainda aquele objetivo X. O que ocorreu? Devemos estender o prazo, ou mudar a abordagem?"*. Ou talvez, ao longo do caminho, surgiram novas metas ou interesses para o mentorado – insira-os na conversa: *"Percebemos que você desenvolveu interesse em área Y durante as sessões. Devemos incorporar isso nos próximos passos?"*. Essa flexibilidade mostra ao mentorado que a mentoria não é engessada; pelo contrário, é personalizada e adaptativa conforme as necessidades dele.

Ao tomar decisões conjuntamente – como redirecionar foco para uma nova habilidade ou concordar em intensificar a prática em certo aspecto – o mentorado sente-se ativo na condução do próprio desenvolvimento, não um mero recebedor passivo de instruções. Essa sensação de agência reforça o compromisso dele, além de reforçar que mentor e mentorado são time.

Feedback mútuo sobre a parceria: A avaliação conjunta é também a hora de, com gentileza, trocarem feedback sobre a própria relação mentor-mentorado. O mentor pode perguntar: *"Você se sente à vontade nas sessões? Há algo na minha maneira de mentorar que poderíamos ajustar?"* – retomando o convite ao feedback do mentorado. E o mentorado pode ser encorajado a falar, por exemplo, se gostaria de alterar a dinâmica de encontros, se algo o incomoda ou se tem sugestão para melhorar. Talvez ele diga: "Eu gostaria de ter mais tarefas práticas" ou "Sinto falta de feedback mais frequente". Essas informações são ouro! Permitiram ajustar e melhorar a experiência daqui em diante. Da mesma forma, o mentor deve expressar como se sente: *"Eu noto que às vezes você tem dificuldade de cumprir os prazos combinados para as tarefas. Há algo que possamos fazer para melhorar isso?"*. Note que não é colocar culpa, mas expor percepções e buscar juntos soluções. Essa franqueza bilateral pode parecer desconfortável, porém, quando feita num clima de respeito, só traz benefícios. Ambos saem com maior entendimento um do outro – o mentor descobre como ser mais eficaz para aquele indivíduo específico; o mentorado entende melhor as expectativas e também vê que o mentor confia nele a ponto de querer ouvi-lo de verdade.

Fortalecimento da confiança: Realizar uma avaliação conjunta é quase como um ritual de confiança. Pense bem: é preciso coragem e abertura para dizer um ao outro o que vai bem e o que poderia melhorar. Quando o mentor demonstra essa abertura (que muitas vezes parte dele incentivar), o mentorado tende a corresponder. Ao final, a relação sai mais forte, porque ambos validaram que podem ser sinceros e que estão alinhados pelo mesmo objetivo: o sucesso do mentorado. Não há sensação melhor para o mentorado do que perceber: *"Meu mentor realmente me ouve e me valoriza a ponto de ajustar o curso por minha causa."* E para o mentor, ouvir *"Estou gostando muito da forma como você me guia"* ou *"A mentoria está me fazendo muito bem"* é extremamente gratificante, reforçando seu propósito.

Há ainda outro aspecto: a avaliação conjunta também educa o mentorado sobre responsabilidade e profissionalismo. Ele vê, pelo exemplo, a importância de monitorar projetos, de comunicar necessidades e de ajustar planos – competências valiosas além da mentoria. É uma situação real onde ele pratica dar feedback para uma figura de autoridade (o mentor), o que pode prepará-lo para contextos profissionais de dar feedback a chefes, colegas etc., de forma respeitosa.

Documente os acordos: Depois dessa conversa, é útil anotar as conclusões principais: metas ajustadas, compromissos assumidos (por exemplo: aumentar encontros para semanal, ou mentor fornecer determinado recurso, ou mentorado dedicar X horas semanais a estudar algo), e qualquer mudança de rumo. Essa "ata" da avaliação conjunta serve de referência e compromisso. Compartilhe com o mentorado para assegurar que ambos entenderam da mesma forma. Assim, todos ficam na mesma página quanto ao que esperar dali em diante.

Em resumo, a avaliação conjunta consolida a mentoria como um empreendimento colaborativo, não algo imposto de cima para baixo. Ela nutre a confiança – que é o solo fértil onde cresce todo aprendizado – e garante que a mentoria permaneça relevante e motivadora para o mentorado. Com essa prática, evitam-se mal-entendidos e frustrações, pois tudo é trazido à mesa para diálogo. É um componente-chave de uma mentoria madura e transparente. Agora, com entendimento aprofundado de feedback e avaliação, apresentaremos algumas ferramentas práticas que podem ajudar a implementar todas essas ideias de forma organizada.

Ferramentas práticas: matriz SWOT, formulários de avaliação e journaling

Contar com ferramentas estruturadas pode tornar o processo de feedback e avaliação mais tangível e eficiente. Vamos explorar três ferramentas sugeridas: a matriz SWOT pessoal, os formulários de avaliação e o journaling (diário reflexivo). Cada uma delas oferece uma abordagem prática para promover autoconhecimento, acompanhamento de progresso e reflexão contínua, beneficiando tanto mentor quanto mentorado.

Matriz SWOT pessoal

A **Matriz SWOT** (Strengths, Weaknesses, Opportunities, Threats) é uma ferramenta clássica de planejamento estratégico que pode ser adaptada para o desenvolvimento pessoal. Em português, é conhecida como matriz FOFA (Forças, Oportunidades, Fraquezas, Ameaças). Aplicada à mentoria, ela ajuda mentorado (e mentor) a mapear seus pontos fortes e fracos, bem como fatores externos que podem favorecer ou dificultar seu caminho.

Como usar: Logo no início da mentoria, mentor e mentorado podem construir juntos a matriz SWOT do mentorado. Dividam uma folha em quatro quadrantes:

- **Forças:** quais são os pontos fortes, habilidades e qualidades notáveis do mentorado? (Ex: boa comunicação, domínio de certa ferramenta, criatividade, networking, disciplina etc.)
- **Fraquezas:** quais habilidades ou comportamentos ele precisa desenvolver ou melhorar? (Ex: dificuldade em falar em público, procrastinação, pouca experiência em liderança, ansiedade com prazos, etc.)
- **Oportunidades:** que fatores externos ou tendências o favorecem? (Ex: setor de atuação em crescimento abrindo vagas, programa de treinamento na empresa, mentor tem contatos úteis, bolsas de estudo disponíveis, etc.)
- **Ameaças:** que obstáculos externos podem atrapalhar seu progresso? (Ex: crise econômica reduzindo contratações, muita concorrência na área, falta de apoio da família, escassez de tempo devido a outras responsabilidades, etc.)

Ao preencher essa matriz de forma honesta e detalhada, obtém-se um panorama claro do terreno em que o mentorado está. As forças indicam onde ele pode se apoiar e até alavancar para superar desafios. As fraquezas apontam áreas prioritárias para o plano de desenvolvimento – muitas delas provavelmente se tornarão objetivos de melhoria na mentoria. As oportunidades servem de lembrete para o mentorado aproveitar aquilo que está a seu favor (por exemplo, se há um curso gratuito disponível, ele deveria se inscrever). Já as **ameaças** alertam para riscos a mitigar – o mentor e mentorado podem pensar em estratégias para reduzir esses impactos (por exemplo, se falta apoio da família, talvez envolver a família explicando os benefícios do desenvolvimento dele; se há concorrência alta, focar em diferenciais).

Revisão periódica: A matriz SWOT não precisa ser um documento engavetado. Trate-a como viva. Periodicamente (por exemplo, na metade e no final da mentoria), revisite a matriz. O mentorado conseguiu transformar alguma fraqueza em força? Ex.: "dificuldade em inglês" pode ter deixado de ser fraqueza caso ele tenha feito um curso intensivo durante a mentoria. Ou talvez surjam novas oportunidades e ameaças no caminho, que devem ser incorporadas. Atualize a matriz e compare com a versão inicial – isso dá uma sensação concreta de evolução. Além disso, mostra que o ambiente e a pessoa mudam, e a estratégia de desenvolvimento também deve se ajustar.

Matriz SWOT do mentor: Cabe destacar que o mentor também pode fazer sua SWOT pessoal como mencionado antes. Porém, essa é mais para consumo próprio. Já a SWOT do mentorado pode (se ele concordar) ser compartilhada entre ambos, servindo de guia. Apenas cuidado para tratar as fraquezas com confidencialidade e empatia – o que está escrito ali foi confiado a você mentor, então use para ajudar, nunca para criticar ou expor o mentorado.

Em suma, a matriz SWOT é um raio-X inicial e um mapa estratégico do desenvolvimento. Ela orienta feedbacks (pois ambos já sabem em quais pontos fracos focar, por exemplo) e ajuda a definir prioridades de ação. É uma ferramenta simples, porém poderosa, para dar direção à mentoria.

Formulários de avaliação e feedback estruturado

Outra ferramenta valiosa são os formulários de avaliação. Eles podem assumir várias formas, mas em geral são questionários ou modelos que servem para padronizar e registrar impressões sobre o progresso e sobre a mentoria.

Formulário de progresso do mentorado: Um tipo comum é uma ficha de avaliação com critérios definidos (ex: clareza na comunicação, organização das ideias, proatividade), usando escalas de 1 a 5. Esses formulários ajudam a medir a evolução e documentar o impacto da mentoria.

Formulário de satisfação da mentoria: Mesmo em mentorias informais, formular perguntas simples sobre a experiência pode gerar reflexões importantes. É uma forma de abrir espaço para feedback e sugestões.

Quando usar: Os formulários podem ser aplicados no início, no meio e ao final da jornada. Isso permite uma comparação entre expectativas, avanços e percepção de resultados.

Feedback 360° via formulário: Envolver colegas, professores ou gestores com formulários anônimos pode fornecer uma visão externa valiosa sobre a evolução do mentorado.

Dica: Adapte a complexidade dos formulários ao perfil da mentoria. O objetivo é extrair insights úteis, não criar burocracia.

Journaling (Diário de aprendizagem)

O journaling é uma ferramenta de reflexão contínua. Trata-se de encorajar mentorado (e mentor) a manterem um diário durante a mentoria — com foco em aprendizados, desafios e sentimentos.

Journaling para o mentorado: Sugira perguntas como: "O que aprendi recentemente?", "Como me senti com meu progresso esta semana?", "Quais dúvidas surgiram?". O registro ajuda a organizar ideias, reconhecer conquistas e lidar com dificuldades de forma estruturada.

Journaling para o mentor: Registrar suas percepções sobre o mentorado e sobre seu próprio desempenho contribui para evolução pessoal, planejamento e adaptação de estratégias.

Compartilhamento e revisão: Em alguns momentos, o mentorado pode compartilhar trechos do diário, gerando conversas ricas. Ou o mentor pode usar anotações como base para reconhecer avanços e conquistas.

Disciplina e hábito: Ajude o mentorado a manter o hábito, iniciando sessões com perguntas como "Escreveu no diário essa semana?" ou propondo formatos simples de anotação (ex: 1 conquista + 1 dificuldade + 1 plano de ação).

Benefícios psicológicos: Escrever ajuda na organização mental, regulação emocional e clareza de prioridades. É uma prática terapêutica e estratégica ao mesmo tempo.

Em suma, tanto a matriz SWOT quanto os formulários e o journaling são ferramentas práticas que concretizam o processo de mentoria. Elas tiram conceitos abstratos (forças, progresso, sentimentos) e os transformam em algo visível e manipulável. Isso facilita a comunicação e mantém todos focados. O principal é ter algum método para rastrear e refletir sobre a evolução — afinal, como diz o ditado: "o que não se mede, não se gerencia". E na mentoria, embora o sucesso seja medido em crescimento humano, podemos — e devemos — encontrar maneiras de perceber e celebrar esse crescimento.

A mentoria como um processo de coevolução: ambos crescem juntos

Chegamos a um ponto crucial da jornada: compreender que a mentoria não transforma apenas o mentorado; transforma também o mentor. Essa relação é um processo de coevolução, em que ambos influenciam positivamente o desenvolvimento um do outro. Já trouxemos essa ideia ao longo do capítulo, mas agora vamos consolidá-la. Afinal, reconhecer a mentoria como via de mão dupla muda a forma como encaramos cada interação e enriquece o propósito de mentorar.

Crescimento mútuo: Em uma boa mentoria, mentor e mentorado crescem juntos. Pense em uma dança bem ensaiada – ambos os pares precisam estar em sintonia para que ela flua. Quando o mentorado dá um passo à frente em sua evolução, o mentor também avança. Isso acontece de várias formas. Um mentor de sucesso muitas vezes relata que, ao ensinar ou orientar, acabou refinando seus próprios conhecimentos. Ao explicar conceitos básicos, ele revisitou fundamentos que não pensava há anos, solidificando ainda mais seu domínio. Ao ser questionado pelo mentorado sobre porquês e comos, foi levado a refletir profundamente e até reaprender sob a perspectiva do aprendiz coisas que já dava por garantidas. Esse processo faz o mentor sair da zona de conforto intelectual e ampliar sua visão.

Novas perspectivas: Especialmente quando há diferença de gerações ou backgrounds, o mentor ganha novos olhos através do mentorado. Um exemplo comum: um mentor experiente em uma empresa aprende sobre novas tendências tecnológicas ou culturais com seu mentorado mais jovem, que traz frescor e questionamentos inovadores. Essa é até chamada de mentoria inversa em certos contextos – quando o aprendiz ensina o mentor em áreas onde este não é especialista. Por exemplo, um alto executivo pode aprender sobre mídias sociais com seu mentorado recém-ingresso no mercado. Essa troca bidirecional enriquece ambos: o mentor se atualiza e o mentorado se sente valorizado por poder contribuir também.

Desenvolvimento de habilidades de liderança e empatia: Ser mentor exige aperfeiçoar soft skills. Conforme orienta e lida com diferentes personalidades, o mentor trabalha sua paciência, escuta ativa, inteligência emocional e capacidade de motivação. Cada mentorado é único – o que funciona para um pode não funcionar para outro – e o mentor se torna mais adaptável e versátil em sua comunicação. Essas habilidades reverberam além da mentoria, beneficiando-o na carreira e na vida pessoal. Muitos líderes nas empresas se tornam líderes melhores após atuarem como mentores, pois aprendem a inspirar em vez de apenas dar ordens, a entender os desafios dos mais novos e a cultivar talentos. Ou seja, o mentor cresce como líder e como ser humano, tornando-se mais paciente, humilde e comunicativo.

Satisfação e propósito renovado: Não podemos esquecer do aspecto humano e motivacional. Mentorar alguém e ver aquela pessoa florescer traz um profundo sentimento de realização. Para profissionais experientes, pode reacender a paixão pela área ao ver o entusiasmo do mentorado. Para quem enfrenta talvez algum desgaste na carreira, ajudar outro pode dar um novo sentido ao trabalho, uma espécie de legado (daí o título do livro!). Essa satisfação retroalimenta a própria carreira do mentor: ele volta a enxergar valor no que sabe e no que faz, porque vê aquele conhecimento criando um impacto real na vida de outra pessoa. É como se a chama se reacendesse. Ao se sentir útil e valorizado como mentor, muitas vezes o profissional ganha confiança renovada para encarar seus próprios desafios.

Ampliando a rede e aprendendo com histórias de vida: A mentoria também conecta pessoas de mundos diferentes. O mentor expande seu networking ao se aproximar de novas gerações ou de profissionais de outras áreas (no caso de mentorias entre departamentos ou interdisciplinares). E ouvir a história de vida do mentorado, seus obstáculos e conquistas, faz o mentor refletir sobre a sua própria jornada. Quantas vezes um mentor não pensa: "Nossa, aos 20 anos eu não tinha essa visão que meu mentorado tem" ou "Eu passei por algo parecido, como eu lidei mesmo? Será que faria diferente hoje?". Essas reflexões comparativas geram autoconhecimento no mentor. Em alguns casos, o mentor pode até ser inspirado pelo mentorado a desenvolver algo novo – por exemplo, o mentorado começa um negócio e instiga o mentor a tirar da gaveta aquele projeto antigo dele próprio.

Legado contínuo: Coevolução também significa que a relação pode se inverter e evoluir. Hoje mentor e mentorado; amanhã podem ser colegas de trabalho, parceiros de projeto, ou o mentorado pode virar mentor de outros e até mesmo do antigo mentor em algum assunto específico. A vida dá voltas, e quando ambos crescem, abrem-se oportunidades inesperadas. Há casos de mentorados que, anos depois, indicam ou ajudam seus ex-mentores em alguma empreitada (afinal, gratidão gera reciprocidade). Assim, investindo no crescimento mútuo hoje, semeia-se um legado que perdura. Não é exagero dizer que cada mentoria bem-sucedida fortalece a comunidade profissional em geral, pois cria profissionais mais capacitados e mentores mais sábios, que continuarão esse ciclo de desenvolvimento.

Via de mão dupla: Em suma, a mentoria é efetivamente uma "via de mão dupla", onde tanto o mentor quanto o mentorado têm a oportunidade de aprender e evoluir juntos. Essa postura de humildade e abertura para aprender um com o outro diferencia a mentoria de uma relação hierárquica tradicional. Aqui, não há um "sabichão" e um "ignorante", mas dois indivíduos em fases distintas trocando experiências. Quando ambos entendem isso, a mentoria atinge outro patamar: vira uma colaboração transformadora, e não apenas um aconselhamento unilateral.

Agora que exploramos profundamente os conceitos, vamos amarrar o capítulo com alguns exemplos práticos e exercícios que você pode aplicar para colocar em prática tudo o que discutimos.

Exercício Prático + Kit do Mentor

Avalie, Reconheça e Celebre a Jornada

Toda jornada de mentoria merece ser avaliada com profundidade e encerrada com reconhecimento mútuo. Avaliação não é apenas um fechamento técnico — é também um momento de celebração, de escuta mútua e de valorização dos aprendizados compartilhados.

Para isso, proponha ao mentorado uma última reflexão:

- Quais foram os principais avanços desde o início da mentoria?
- Quais habilidades ou atitudes foram fortalecidas?
- que ainda precisa de atenção e pode ser levado como plano de desenvolvimento futuro?
- que essa jornada significou para você como mentor? E para o mentorado como protagonista da própria evolução?

No **Kit do Mentor**, você encontra recursos práticos para apoiar esse momento de avaliação:

- **Guia S.A.F.A.R.I. para Feedbacks** – Um passo a passo para estruturar feedbacks com segurança, empatia e foco construtivo.
- **Folha Estruturada de Feedback** – Um modelo pronto para registrar percepções, aprendizados e próximos passos.
- **Videoaula de Boas Práticas** – Exemplos reais e orientações práticas para aplicar feedback com efetividade e humanidade.

Recomendação especial: repita com seu mentorado o **Exercício da Matriz SWOT Pessoal**, agora no fim da jornada. Compare com a matriz do início. As transformações ganham forma visível — e isso fortalece a confiança do mentorado em sua própria trajetória.

Todos os materiais estão disponíveis gratuitamente em:
www.atitudeinfinita.org/kitdomentor

Resumo da Parte 8 – A Arte do Feedback

Ponto-chave:

Feedback não é crítica — é presente. Quando bem feito, acelera crescimento e fortalece a confiança.

O que você aprendeu:

- O feedback precisa ser específico, respeitoso e com intenção de ajudar.
- Escuta ativa e empatia são tão importantes quanto o conteúdo do feedback.
- Existem técnicas como o modelo "SBI" (Situação – Comportamento – Impacto) que estruturam o processo.

Como aplicar na prática:

- Use exemplos concretos, não generalizações ("Na última reunião, você...", em vez de "Você sempre...").
- Foque no comportamento e no impacto — não na pessoa.
- Sempre pergunte: "Como você se sentiu com esse feedback?" e abra espaço para o diálogo.

Erros comuns a evitar:

- Dar feedback na emoção ou em público.
- Usar ironia, julgamento ou tom agressivo.
- Esquecer de reconhecer os acertos — só apontar falhas.

Desafio para você:

Escolha um mentorado e dê um feedback positivo específico. Depois, combine com ele um ponto de melhoria e pergunte como você pode ajudar nesse desenvolvimento.

Ferramentas Recomendadas do Kit do Mentor – Parte 8

Para conduzir avaliações construtivas e promover a evolução do mentorado (e do mentor), explore os materiais da Parte 8 no Kit do Mentor:

Ferramenta	**Finalidade**
Matriz SWOT do Ciclo de Mentoria	Compare evolução do mentorado no início e no fim da jornada.
Formulário de Avaliação do Mentor	Coleta estruturada de feedback do mentorado sobre a condução da mentoria.
Autoavaliação do Mentor (modelo)	Reflita sobre seus pontos fortes e áreas de melhoria como mentor.
Roteiro de Avaliação Conjunta	Conduza conversas de encerramento com base em reflexão mútua.
Diário de Evolução do Mentorado	Registre aprendizados, mudanças e avanços percebidos em cada ciclo.

Todas as ferramentas estão disponíveis gratuitamente em:
www.atitudeinfinita.org/kitdomentor

Parte 9 – Mentoria com Propósito: Diversidade, Empatia e Transformação

"Quando o Anderson me perguntou 'qual é o seu sonho?', eu não soube responder. A partir dali, comecei uma jornada de autoconhecimento e propósito. Aprendi a planejar, me desafiar e confiar em mim. Ter alguém que acredita em mim, sem julgamentos, foi uma das experiências mais transformadoras da minha vida."

– Rafaella Akerman, Analista de Dados em formação | Instrutora Corporativa

Nota do autor

As experiências que compartilho nesta parte do livro são vivências reais que tive como mentor na Atitude Infinita — uma comunidade que respira inclusão, diversidade e transformação social. Optei por trazer relatos mais pessoais e detalhados aqui, como forma de ilustrar, de maneira prática e com humanidade, os conceitos abordados ao longo do livro. Essas histórias refletem o poder da mentoria aplicada na vida real e o impacto que ela pode ter na trajetória de jovens em contextos desafiadores. Meu objetivo é inspirar você, leitor, a aplicar os princípios da mentoria com propósito, respeitando cada singularidade e contexto, como foi feito nesses encontros.

O Brasil real e os desafios dos jovens

O Brasil abriga uma juventude rica em talentos, mas marcada por desafios profundos — muitos invisíveis à primeira vista. Dados recentes do Ministério da Saúde e da OMS revelam que cerca de 31,6% dos jovens entre 18 e 24 anos convivem com ansiedade, enquanto 14,1% relatam depressão diagnosticada. Ainda segundo estudos, o TDAH afeta cerca de 7,6% das crianças e adolescentes entre 6 e 17 anos, com impactos relevantes também na fase adulta.

Mesmo com essa realidade alarmante, o acesso a profissionais de saúde mental é extremamente limitado, e muitos jovens permanecem sem diagnóstico, apoio ou tratamento adequado.

É nesse contexto que a mentoria ganha um papel de destaque — não como solução clínica, mas como ponto de conexão humana, de escuta ativa, e de orientação segura.

(veja estatísticas no glossário)

Mentoria pelo Mundo: Experiências que Transcendem Fronteiras

Ao longo da minha jornada como mentor, tive o privilégio de acompanhar pessoas extraordinárias em diferentes partes do mundo. Em especial, destaco duas experiências com mulheres na área de tecnologia, oriundas de culturas distintas e realidades complexas. O mais marcante é perceber que, mesmo com toda essa diversidade, a linguagem da empatia, da escuta atenta e da intencionalidade de ajudar é universal. Ela atravessa fronteiras, dissolve distâncias e gera conexões profundas.

Nas duas mentorias, me dediquei a ajudá-las a reencontrar sua força e identidade, fortalecer sua autoestima e reconhecer seus talentos únicos. A partir daí, conseguimos juntos transformar inseguranças em autoconfiança, e sonhos em metas com propósito.

Foi especial e marcante acompanhar de perto a jornada dessas duas mulheres incríveis. Mais do que êxito profissional, construímos juntas um novo olhar sobre o futuro: mais seguro, mais forte e repleto de possibilidades.

A Estrela-Guia que me guiou na jornada

> "Anderson é um grande mentor, como a estrela do norte que me ajudou a navegar pela minha jornada. Eu tentava há tempos avançar na carreira e dar o próximo passo, mas nada parecia funcionar – até conhecer Anderson. Houve dias em que perdi completamente a autoconfiança, mas ele sempre acreditou em mim e nas minhas capacidades. Ele me incentivou a voltar ao caminho, a conquistar meus objetivos e me ajudou a dar visibilidade ao meu trabalho. Obrigada por ser minha estrela-guia, mesmo estando a milhares de quilômetros de distância."
>
> — **Nivi Shringi**, Program Manager, Microsoft (Índia)

O ponto de virada na minha trajetória

> "Conhecer o Anderson foi o momento que mudou tudo na minha carreira na Microsoft. Sob sua mentoria, ampliei significativamente meu repertório como gerente de produto, o que me ajudou muito na execução dos projetos. Mas, mais do que isso, cresci em autoconfiança. Devo grande parte do meu progresso profissional e pessoal a ele. Anderson é um dos meus

maiores exemplos e fontes de inspiração — me lembra todos os dias da importância de evoluir constantemente e de retribuir sempre que possível. Tenho muita sorte de tê-lo como mentor e amigo."

— **Jaden Shyu**, Consultant, Microsoft (Canadá)

O mais interessante é que, apesar de culturas, histórias e barreiras distintas, a linguagem da empatia e da intencionalidade é universal. Com essas duas mulheres excepcionais, concentrei a mentoria em ajudá-las a resgatar sua identidade, empoderá-las e fortalecer sua autoestima. A partir disso, conseguimos definir sonhos, aspirações e descobrir propósitos. Foi uma experiência gratificante, que me lembrou do quanto o simples ato de acreditar no outro pode ser transformador.

Foi uma experiência gratificante, que me lembrou do quanto o simples ato de acreditar no outro pode ser transformador.

Essas mentorias internacionais, focadas no desenvolvimento profissional, contrastam com outro tipo de vivência igualmente marcante: **a mentoria espiritual**. Em contextos menos corporativos e mais humanos, descobri que a empatia também é essencial — especialmente quando lidamos com jovens em busca de propósito, identidade e pertencimento.

Além da esfera corporativa, vivenciei a mentoria em ambientes com realidades e necessidades muito distintas. Durante vários anos, fui líder de jovens na Igreja Batista Brasileira de Los Angeles, onde a maioria dos adolescentes nasceu e cresceu nos Estados Unidos, mesmo sendo filhos de brasileiros. Nesse ambiente híbrido de culturas, precisei adaptar minha forma de orientar, e descobri o poder da empatia contextual.

Mais do que liderar, vivenciei um processo profundo de formação como professor e mentor espiritual. Ali, tive que aprender na prática o que significa conectar com empatia e falar ao coração de jovens em busca de respostas para vencer desafios reais do dia a dia, construir valores sólidos e formar um alicerce emocional e espiritual duradouro.

O mais impressionante foi a confiança que precisei desenvolver para me tornar instrumento dentro do processo. Não se trata de religião, mas de propósito. De compreender que nossa missão, em última instância, é servir — ajudar o próximo. Sou profundamente grato aos meus mentores espirituais, pastor **Miguel Albanez**, pastora **Cristina Albanez** e pastor **Joel Prado**, por anos de convivência, lições e formação que hoje integram quem eu sou — fazem parte do meu DNA.

A responsabilidade ética do mentor

Mentorar jovens exige mais do que boa vontade: **exige preparo**. Muitas vezes, os mentores são os primeiros adultos de confiança com quem o jovem compartilha dores profundas. Nesses casos, a escuta empática pode ser transformadora, mas deve vir acompanhada de discernimento.

É fundamental saber quando acolher e quando encaminhar. Mentores não substituem psicólogos, terapeutas ou assistentes sociais — mas podem e devem ser pontes confiáveis para que o mentorado encontre ajuda adequada.

Na Atitude Infinita, por exemplo, é comum que voluntários atuem em parceria com psicólogos, terapeutas ocupacionais e instituições especializadas. Casos mais delicados, como sofrimento emocional persistente ou risco de autolesão, são encaminhados com carinho e responsabilidade.

Respeitar os limites do nosso papel não diminui nossa importância — pelo contrário, mostra maturidade, profissionalismo e profundo respeito pelo outro.

Assim como nas mentorias internacionais e espirituais, também tive experiências transformadoras com jovens neurodivergentes — cujos desafios e talentos exigem escuta refinada, paciência e adaptação constante por parte do mentor.

Além disso, vivi experiências marcantes ao acompanhar mulheres em tecnologia e liderança — trajetórias muitas vezes solitárias, onde a autoconfiança precisava ser resgatada com carinho e coragem.

A força da empatia com jovens neurodivergentes e com deficiência

Entre os muitos jovens que passam pela Atitude Infinita, alguns possuem diagnóstico de TEA (Transtorno do Espectro Autista), TDAH ou outras condições que fazem parte do espectro da neurodivergência. Outros convivem com deficiências auditivas, físicas ou intelectuais.

Em comum, esses jovens encontram na mentoria uma oportunidade rara de inclusão verdadeira. Não são apenas acolhidos — são ouvidos, respeitados e incentivados a ocupar espaços com dignidade e protagonismo.

A clareza na comunicação, a escuta ativa, a previsibilidade nos encontros e a sensibilidade ao lidar com suas individualidades fazem toda a diferença.

Rafaella, uma jovem autista que acompanho há anos, me ensinou que **sonhar não é um conceito único** — e que orientar com empatia é, acima de tudo, respeitar a forma como o outro entende o mundo.

Nossa conexão só foi possível quando abandonei pressupostos e abracei uma escuta verdadeiramente livre.

É isso que a mentoria pode fazer por jovens neurodivergentes e com deficiência: **criar espaços onde suas formas de pensar, sentir e se expressar são não só aceitas, mas valorizadas.**

A importância de investir nas mulheres

Na Atitude Infinita, a inclusão vai além do discurso — ela é prática cotidiana. O projeto nasceu com o compromisso de criar oportunidades reais para todos os perfis de jovens, especialmente aqueles que historicamente foram invisibilizados ou subestimados. Isso inclui meninas e mulheres em situação de vulnerabilidade, que carregam consigo histórias de superação, resistência e potência.

Cada uma das mentorias a seguir aconteceu nesse ecossistema de acolhimento e empoderamento. Elas revelam como o acesso a uma rede de apoio, orientação e escuta pode transformar trajetórias — tanto pessoais quanto profissionais. São testemunhos vivos do que acontece quando se aposta na confiança, na empatia e na valorização do talento feminino.

A primeira gestora da família

Letícia iniciou sua jornada na Atitude Infinita aos 19 anos, ainda cheia de dúvidas, mas com sede de aprender. Em pouco tempo, conquistou seu primeiro estágio. Anos depois, chegou a uma posição de liderança — a primeira mulher de sua família a ocupar um cargo de gestão. Antes dela, todas as gerações femininas trabalharam como empregadas domésticas. Hoje, Letícia quebra esse ciclo e reescreve a história da sua linhagem — agora, como mentora de outras jovens que, como ela, sonham com um futuro diferente.

Do balcão de doces ao mundo dos games

Maria Julia atendia em uma doceria, mas sua paixão era outra: desenvolver jogos. Durante as mentorias, descobriu caminhos para se qualificar, construir um portfólio e aplicar em empresas do setor. Com dedicação e apoio, conquistou uma vaga em uma startup de tecnologia — e hoje trabalha com aquilo que ama. Sua trajetória mostra que, com orientação e incentivo certos, até os sonhos mais distantes ganham forma.

De incertezas ao mundo do design

Deborah Pereira chegou à mentoria envolta em dúvidas sobre sua trajetória. Ao longo do processo, explorou diferentes áreas até encontrar no UX Design sua verdadeira paixão. Hoje, é designer, responsável pela mascote da Atitude Infinita (a MAI) e atua no núcleo de comunicação da ONG. Sua jornada revela a força da experimentação e da escuta ativa como bússolas para o autoconhecimento.

De mentorada à liderança com propósito

Mylena Fernandes viveu intensamente sua jornada de mentoria. Desenvolveu habilidades técnicas, emocionais e humanas, tornou-se a primeira da família a concluir o ensino superior e hoje lidera os mentorados da ONG. Sua história é um convite à entrega, ao comprometimento e à retribuição — valores que ela pratica com orgulho e propósito.

Crescer com consciência e direção

Samara Lopes iniciou a mentoria tímida e com baixa autoestima. Acompanhada pela mentora Carla, aprendeu a se comunicar melhor, encontrou seu propósito e ingressou na faculdade de Psicologia. Hoje, às vésperas da formatura, é uma jovem articulada, curiosa e comprometida com a construção de ambientes mais humanos e conscientes.

Assim como o gênero, o território também impõe barreiras. Quando olhamos para os jovens que vêm das periferias do Brasil, percebemos que o impacto da mentoria pode ser ainda mais profundo — porque ali, muitas vezes, sonhar é um ato de coragem.

Superação e Sonhos na Periferia

Na Atitude Infinita, cada jovem que chega traz não apenas um sonho — mas também uma história marcada por barreiras estruturais e pela ausência de oportunidades. Para os que vivem nas periferias do Brasil, sonhar exige coragem. E realizar, muitas vezes, significa romper ciclos de invisibilidade, escassez e desamparo.

É nesse cenário que a mentoria provoca uma mudança real na vida das pessoas. Mais do que dar direção na carreira, ela oferece apoio de verdade, esperança e o sentimento de fazer parte de algo. Cada encontro é um passo na construção de uma ponte onde antes havia um abismo.

Persistência que transforma destinos

William Araújo ingressou na Atitude Infinita em 2022 com o sonho de trabalhar com tecnologia. Sem recursos para pagar um curso de idiomas, aprendeu inglês sozinho — e, com disciplina impressionante, passou a fazer suas sessões de mentoria no novo idioma, usando o processo como ferramenta de treino e crescimento.

Ao longo do tempo, foi conectado a mentores que ampliaram sua visão de mundo e fortaleceram sua autoestima. Com dedicação exemplar, conquistou uma vaga em uma empresa que exige fluência em inglês e competências técnicas avançadas.

Hoje, William inspira outros jovens ao mostrar que é possível sair do anonimato periférico e trilhar uma jornada de sucesso. Seu próximo sonho? Ver a neve — e ninguém duvida de que ele vai conseguir.

Exercício Prático + Kit do Mentor

Transforme Propósito em Ação com Inclusão e Impacto

Mentoria com propósito vai além do desenvolvimento individual. Ela busca transformação social, inclusão de talentos diversos e multiplicação de oportunidades.

Como mentor, reflita:

- Qual é a causa ou valor que mais conecta você ao seu papel como mentor?
- Como sua mentoria pode gerar impacto positivo em contextos onde há desigualdade, preconceito ou exclusão?
- Você já considerou intencionalmente mentorar alguém com trajetória muito diferente da sua?
- Como você pode ser mais inclusivo nas suas atitudes, linguagem e abordagens?

O **Kit do Mentor** oferece recursos que ajudam a aplicar esses conceitos de forma prática:

- **Cartilha de Mentoria Inclusiva** – Guia completo com boas práticas, reflexões e estratégias para tornar sua mentoria mais aberta, acolhedora e transformadora.
- **Infográfico do que Fazer e Evitar** – Referência visual rápida com comportamentos que promovem (ou prejudicam) a inclusão.
- **Casos Reais de Transformação** – Exemplos inspiradores de mentorias que geraram impacto social, inclusão e mudança de vida.

Seu legado como mentor também se constrói nas vidas que você ajuda a transformar — especialmente aquelas que historicamente tiveram menos acesso a apoio e desenvolvimento.

Todos os materiais estão disponíveis gratuitamente em:
www.atitudeinfinita.org/kitdomentor

Resumo da Parte 9 – Mentoria com Propósito: Diversidade, Empatia e Transformação

Ponto-chave:

Mentoria com propósito é mais do que uma prática — é um compromisso ético, humano e transformador. Reconhece a singularidade do outro, valoriza a diversidade e atua com escuta, empatia e presença verdadeira.

O que você aprendeu:

- Que a mentoria pode romper barreiras sociais, emocionais e culturais, especialmente em contextos de vulnerabilidade.
- Que escutar com empatia é diferente de tentar consertar ou diagnosticar; é acolher com respeito.

- Que a inclusão exige sensibilidade diante de diferentes formas de ser, aprender e se expressar — especialmente com jovens neurodivergentes, PCDs e de periferias.

Como aplicar na prática:

- Crie um ambiente seguro, sem julgamentos, onde o mentorado se sinta respeitado em sua história e identidade.
- Atue com empatia ativa: escute com intenção de entender, e não de responder ou corrigir.
- Busque integrar-se a redes de mentoria com propósito, como a Atitude Infinita, para fortalecer sua prática e ampliar seu impacto.

Erros comuns a evitar:

- Tentar resolver problemas clínicos ou emocionais sem a formação adequada.
- Imprimir sua vivência como modelo único de superação.
- Ignorar o impacto das desigualdades e diferenças culturais na jornada do mentorado.

Desafio para você:

Reflita: como você pode tornar sua mentoria mais inclusiva e ética? Quais atitudes pode adotar hoje para reconhecer as diferenças como potência — e não como limitação?

Reflexão Final:

Mentorar com propósito é, acima de tudo, acreditar — mesmo quando o mundo duvida. É caminhar junto, respeitar os tempos, acolher dores e celebrar cada conquista, por menor que pareça.

E no fim, não é só o mentorado que se transforma. O mentor também é atravessado, desafiado e elevado.

Porque mentoria feita com verdade é sempre uma via de crescimento mútuo — e um lembrete poderoso de que ninguém constrói seu legado sozinho.

Ferramentas Recomendadas do Kit do Mentor – Parte 9

Para aplicar os princípios de diversidade, empatia e transformação social na sua mentoria, acesse os recursos práticos da Parte 9 no Kit do Mentor:

Ferramenta	**Finalidade**
Roteiro de Escuta para Diversidade	Guia de perguntas para mapear a realidade do mentorado com empatia e respeito.
Checklist de Inclusão e Acessibilidade	Avalie se sua mentoria está acolhendo diferentes públicos com equidade.
Exercício de Reconhecimento de Vieses Inconscientes	Promova autorreflexão sobre julgamentos automáticos e como superá-los.
Carta de Compromisso Ético do Mentor	Documento de alinhamento de conduta e responsabilidade social.

Todas as ferramentas estão disponíveis gratuitamente em:
www.atitudeinfinita.org/kitdomentor

Parte 10 – Ferramentas Digitais Recomendadas para Mentoria

"Conhecer o Anderson foi o ponto de virada na minha carreira. Aprendi a me organizar, comunicar melhor e trabalhar com mais confiança. Ele é uma grande inspiração, sempre atento ao que pode ser melhorado e como podemos evoluir."

– Jaden Shyu, Customer Success Manager, SuiteSpot – Canadá

Mentores podem apoiar-se em diversas ferramentas digitais para planejar atividades, comunicar-se com mentorados e acompanhar progresso. Por exemplo, use plataformas de videoconferência (como **Microsoft Teams**, **Zoom** ou **Google Meet**) para encontros à distância, garantindo comunicação "quase presencial". Apps de mensagem instantânea (**WhatsApp**, **Slack**, **Telegram**) são úteis para mensagens rápidas e agendar reuniões. Para planejamento e gestão de tarefas, quadros **Kanban** como **Trello** ou **Asana** permitem organizar metas e acompanhar entregas; o **Microsoft Planner** (integrado ao Teams/Outlook) também é opção para usuários Office 365. Ferramentas de formulário online (**Microsoft Forms**, **Google Forms**, **JotForm** etc.) facilitam criar pesquisas e questionários para registrar feedbacks, avaliar sessões e coletar dados dos mentorados.

Soluções de baixo código como o **Microsoft Power Apps** podem gerar aplicativos personalizados de mentoria. Por exemplo, a Microsoft descreve um "*app de mentoria par-a-par*" (built with Power Apps) que combina busca e emparelhamento de mentores/mentoriados com recursos de agendamento de encontros, definição de metas, feedbacks e acompanhamento de progresso. Além disso, existem plataformas especializadas de programas de mentoria – como *MentorcliQ* ou *Chronus* – que reúnem funcionalidades de matchmaking, rastreamento de metas e feedback em um único sistema. Em suma, as ferramentas digitais ideais para mentoria combinam: (a) comunicação síncrona (Teams/Zoom, WhatsApp), (b) colaboração assíncrona (Trello/Asana para listas de tarefa e metas) e (c) coleta de dados/feedback (Forms e similares). Essas tecnologias ampliam o alcance da mentoria e tornam o acompanhamento mais estruturado e acessível no dia-a-dia.

Mentoria Virtual com Ética, Acolhimento e Segurança

A prática da mentoria à distância, cada vez mais comum, exige atenção especial a questões de ética, segurança e acolhimento digital. Embora o uso de plataformas como Teams, Zoom ou

Google Meet facilite o acesso, o ambiente virtual traz novos desafios — como garantir a privacidade do mentorado, criar vínculos mesmo à distância e respeitar diferentes níveis de conectividade, acessibilidade e intimidade digital.

Para que a mentoria remota seja eficaz e respeitosa, seguem boas práticas que ampliam a confiança e a proteção de todos os envolvidos:

Ética no uso de vídeo e imagem

- Sempre pergunte ao mentorado se ele se sente à vontade para manter a câmera ligada. O uso do vídeo pode ajudar na conexão, mas deve ser consensual.
- Evite gravar sessões sem consentimento explícito (preferencialmente por escrito). Mesmo quando autorizado, proteja o acesso às gravações.
- Escolha ambientes visuais neutros e evite distrações de fundo que comprometam a atenção e o respeito mútuo.

Privacidade e proteção de dados à distância

- Oriente o mentorado a não compartilhar dados sensíveis por canais abertos (WhatsApp, e-mail). Prefira o uso de ferramentas corporativas seguras.
- Se forem utilizados formulários digitais (como Google Forms ou Microsoft Forms), proteja o acesso por senhas e login institucional.
- Sempre que necessário compartilhar arquivos (ex: planos de mentoria, PDIs), utilize repositórios como OneDrive, SharePoint ou pastas com permissão restrita.

Acolhimento e vínculo remoto

- Comece cada sessão com um momento de conexão humana: uma pergunta pessoal, um elogio sincero, ou apenas tempo para escuta livre.
- Pratique a escuta ativa — sem interrupções e com retornos verbais que indiquem presença e interesse, como "entendi", "me conta mais sobre isso", ou "faz sentido o que você está dizendo".
- Atenção a sinais de desconforto digital: câmeras desligadas por longos períodos, respostas muito curtas ou falta de engajamento podem sinalizar cansaço, insegurança ou distração.

Acessibilidade digital e inclusão

- Quando possível, ative legendas automáticas nas plataformas de vídeo para apoiar pessoas com deficiência auditiva.

- Evite apresentar documentos com excesso de texto ou imagens pequenas. Prefira telas limpas, com leitura acessível e fonte ampliada.
- Esteja atento à conectividade do mentorado. Se ele tiver dificuldade de acesso, combine sessões mais curtas ou até mesmo ligações de voz em vez de vídeo.

Dica prática: Checklist de sessão virtual segura

✓ Plataforma segura com link privado
✓ Consentimento para uso de vídeo ou gravação
✓ Ambiente silencioso e sem distrações visuais
✓ Confirmação de acessibilidade (áudio, imagem, internet)
✓ Anotações armazenadas com segurança e consentimento

Ao respeitar essas práticas, o mentor contribui para uma experiência mais ética, humana e segura — mesmo a quilômetros de distância. A mentoria virtual pode ser tão profunda quanto a presencial, desde que bem conduzida.

Modelos Práticos Prontos para Uso

Para apoiar a rotina do mentor, recomenda-se preparar modelos padronizados que podem ser adaptados conforme cada caso. Entre os principais estão:

- **Template de Plano de Mentoria**: documento inicial que descreve objetivos do programa, cronograma geral de encontros, duração prevista, escopo e indicadores de sucesso. Um plano típico inclui metas de curto e longo prazo para o mentorado, as responsabilidades de mentor/mentorado, recursos necessários e marcos de acompanhamento. Esse plano serve como contrato de trabalho entre mentor e mentorado e orienta todo o processo.
- **Agenda de Sessão de Mentoria**: antes de cada reunião, crie uma agenda clara com itens como: *feedback da sessão anterior*, principais tópicos a serem abordados, tarefas ou leituras preparatórias, e próximos passos. Uma agenda organizada (em documento ou quadro compartilhado) ajuda a manter foco e registrar decisões. Por exemplo: iniciar com breves reflexões, revisar progresso do mentorado, discutir questões levantadas, definir ações práticas e agendar encontro seguinte.
- **Plano de Desenvolvimento Individual (PDI)**: ferramenta que estrutura o crescimento do mentorado em fases. O PDI contém objetivos de carreira (por exemplo, desenvolver liderança ou adquirir nova habilidade), metas específicas e prazos realistas, ações necessárias, recursos envolvidos e indicadores de progresso. Segundo especialistas, um PDI

eficiente segue etapas claras: definição de objetivos, estabelecimento de metas (bem específicas e mensuráveis), elaboração de um plano de ação com cronograma, monitoramento contínuo e ajustes periódicos. Em resumo, o mentorado e o mentor definem juntos *o quê* deve ser alcançado e *como*, acompanhando o avanço ao longo do tempo.

- **Matriz de Competências ou Evolução**: quadro que cruza as competências desejadas (por cargo, projeto ou objetivo) com os níveis atuais do mentorado. A "matriz de competências" fornece "uma visão clara e estruturada das habilidades exigidas para cada cargo e das competências que cada colaborador já possui". No contexto da mentoria, pode-se elaborar uma matriz simplificada apontando competências-chave para o desenvolvimento do mentorado e marcando em qual nível ele está em cada uma. Isso facilita enxergar lacunas ("gaps"), definir prioridades de treinamento e monitorar a evolução das competências ao longo das sessões.
- **Formulários de Avaliação e Feedback**: planilhas ou questionários (em papel ou online) para reunir avaliações sobre cada encontro ou sobre todo o programa. Por exemplo, um modelo simples pode ser um form de 5-10 questões (ou escala Likert) que o mentorado preenche ao final da sessão, comentando sobre clareza dos objetivos, utilidade das ações definidas e satisfação geral. Outra opção é aplicar, no final de cada ciclo de mentoria, um form mais completo com avaliações quantitativas e qualitativas da experiência. Como exemplifica um manual de mentoria, "foram elaborados dois formulários de avaliação... respondidos por mentorados e mentores: um após cada reunião (avaliação parcial) e outro ao final do ciclo (avaliação global)". Esses formulários auxiliam a realinhar expectativas, reforçar pontos fortes e identificar oportunidades de melhoria no processo de mentoria.

Esses templates devem ser intuitivos e acessíveis (por exemplo, em arquivos Word/Excel ou Google Docs/Forms), permitindo que o mentor preencha e adapte rapidamente com informações de cada mentorado. A implementação de modelos padronizados torna a prática de mentoria mais organizada e permite comparar progresso entre diferentes ciclos.

Frameworks e Metodologias para Mentoria

Além das ferramentas digitais, mentores podem aplicar frameworks consagrados para estruturar cada conversa de mentoria. Entre os modelos úteis estão:

- **Modelo GROW (Goal, Reality, Options, Will)**: enquete de quatro etapas para definir e atingir objetivos. No contexto de mentoria, GROW ajuda a guiar o mentorado a: (1) estabelecer um **Goal** (objetivo) claro para a sessão ou longo prazo; (2) analisar a **Reality** atual, mapeando a situação real e obstáculos atuais; (3) identificar **Options** e recursos para superar desafios; e (4) definir o **Way Forward** (Will), isto é, os passos práticos que ele irá tomar. Por exemplo, uma sessão pode começar perguntando "Qual meta você quer alcançar até a próxima reunião?", seguir com "Onde você está agora em relação a essa meta?" e então explorar "Que caminhos podemos percorrer para avançar?" e "O que você fará concretamente esta semana?". Segundo a literatura, esse processo simples mas robusto estrutura o diálogo e leva o mentorado a descobrir soluções próprias. O mentor faz perguntas estratégicas em cada fase, ajudando o mentorado a clarear objetivos e transformar opções em compromisso de ação.

- **Modelo OSKAR (Outcome, Scaling, Know-how, Affirm & Action, Review)**: abordagem orientada a soluções. As cinco etapas são:

1. **Outcome (Resultado desejado)**: definir o que se espera alcançar naquela sessão ou processo. Por exemplo: "O que você gostaria de conseguir ao final deste encontro?".
2. **Scaling (Escala)**: medir a percepção de progresso em uma escala (ex: "de 0 a 10, onde 0 é o ponto de partida atual e 10 é o objetivo final, onde você se situa agora?"). Essa etapa ajuda a refinar metas realistas e dá ao mentorado noção de distância até o objetivo.
3. **Know-how (Recursos e conhecimentos)**: explorar que habilidades, recursos ou apoios o mentorado já possui ou precisa desenvolver para avançar. Por exemplo: "Quais conhecimentos ou apoios você tem que podem ajudar?".
4. **Affirm & Action (Valorizar e Agir)**: reconhecer positivamente o que já está dando certo (para manter motivação) e definir ações concretas. Perguntas como "O que você já faz bem que gostaria de continuar?" e "Quais serão seus primeiros passos?" ajudam nessa etapa.
5. **Review (Revisão)**: revisar após algum tempo o progresso feito, responsabilizando o mentorado pelo plano. Normalmente, isso ocorre na sessão seguinte, verificando se as ações combinadas foram executadas.

O OSKAR é bastante focado em soluções práticas e reforço de pontos fortes. Por exemplo, depois de definir um objetivo (Outcome) e a posição atual (Scaling), o mentor pode perguntar "O que você já sabe fazer que pode te levar em direção a esse objetivo?" (Know-how) e "Qual será a primeira ação que você fará esta semana?" (Action). Esse modelo é útil para manter a conversa orientada a pequenas vitórias e passos concretos.

- **Modelo CLEAR (Contracting, Listening, Exploring, Action, Review)**: desenvolvido por Peter Hawkins, enfatiza o contrato inicial e a finalização estruturada. As fases são:

1. **Contracting (Contrato)** – no início do ciclo de mentoria, definir objetivos, expectativa de ambas as partes e regras do relacionamento. Aqui, mentor e mentorado alinham o foco da mentoria e combinam como será o trabalho conjunto.

2. **Listening (Escuta)** – durante as sessões, o mentor pratica escuta ativa e empática, entendendo profundamente a situação do mentorado. É momento de ouvir sem interromper e captar necessidades implícitas.
3. **Exploring (Exploração)** – o mentor e mentorado exploram conjuntamente a situação e as possibilidades. Pode-se dividir em entender o impacto do problema no mentorado e desafiar novas ideias de ação.
4. **Action (Ação)** – definir, ao final da sessão, as próximas ações que o mentorado deverá executar para avançar. Nessa etapa, o mentor apoia na escolha de um caminho de frente e nas decisões de "o que fazer depois".
5. **Review (Revisão)** – ao fechar a sessão ou ciclo, revisam-se aprendizados, decisões tomadas e avalia-se o que foi útil na mentoria. O mentor encoraja feedback do mentorado sobre o processo e prepara ambos para próximos passos.

O acrônimo CLEAR resume essas fases. Por exemplo, no **Contracting** inicial faz-se uma conversa franca sobre metas e limites da mentoria; em **Review**, o mentor reafirma o que foi coberto e reforça o valor entregue. Esse modelo ajuda o mentor a estruturar cada sessão de forma completa e empática, garantindo que haja compromisso (Contract), compreensão (Listening), análise conjunta (Exploring), definições concretas (Action) e reflexão contínua (Review).

Em todos esses modelos, o mentor atua fazendo perguntas-chave e compartilhando responsabilidade pelo progresso do mentorado. Aplicando-os na prática, é comum o mentor, ao iniciar a sessão, definir claro o foco (Goal ou Outcome), discutir a realidade atual do mentorado (Reality ou Explorando), criar opções/recursos (Options/Know-how) e, ao final, acordar ações concretas para o mentorado executar na semana seguinte. Esses frameworks tornam as conversas de mentoria mais direcionadas e produtivas, garantindo que cada encontro gere entregáveis práticos e aprendizado.

Comparativo Prático entre Modelos de Mentoria: GROW, OSKAR e CLEAR

Mencionamos diferentes modelos de estrutura para conduzir sessões de mentoria. Cada um deles tem suas particularidades, mas todos seguem uma lógica de apoio ao desenvolvimento do mentorado. A tabela abaixo apresenta um resumo comparativo dos três modelos mais usados no mundo — **GROW, OSKAR e CLEAR** — para que você possa entender e aplicar aquele que melhor se adapta ao seu estilo e ao perfil do mentorado.

Comparativo entre Modelos de Estrutura para Sessões de Mentoria: GROW, OSKAR e CLEAR

Resumo prático das etapas e focos de três modelos amplamente utilizados para condução estruturada de sessões de mentoria.

GROW	OSKAR	CLEAR
Goal (Objetivo)	Outcome (Resultado desejado)	Contracting (Acordo)
Reality (Realidade atual)	Scaling (Escala do desafio)	Listening (Escuta ativa)
Options (Opções e caminhos)	Know-how & Resources (Soluções)	Exploring (Exploração conjunta)
Will (Plano de ação / Compromisso)	Affirm + Action (Ações e apoio)	Action (Ações e compromissos)
	Review (Revisão do progresso)	Review (Revisão e feedback)

Resumo visual em bullets:

- **GROW** ▸ Foco no objetivo e no plano de ação
- **OSKAR** ▸ Ênfase na solução e no progresso
- **CLEAR** ▸ Baseado em escuta e construção conjunta

Aplicação Prática das Ferramentas e Modelos

Em um ciclo típico de mentoria, o mentor integra as ferramentas e modelos acima de forma complementar. Por exemplo, no início do programa ele pode usar o *Template de Plano de Mentoria* para documentar objetivos gerais e cronograma. Em cada sessão agendada no Teams (videoconferência), o mentor pode utilizar o *Modelo CLEAR* para guiar o encontro: reforçando o contrato, ouvindo o mentorado e definindo ações (Action) no final. Para organizar as tarefas definidas, as ações podem ser lançadas em um quadro do Trello compartilhado, onde o mentorado acompanha o progresso no seu ritmo. O mentor também preenche o PDI em conjunto com o mentorado, listando metas e ações alinhadas com o que foi acordado (por exemplo, estudo de curso, mentoria em habilidades específicas, etc.). Depois de cada sessão, um breve formulário de feedback (um Google Form ou Microsoft Form) coleta impressões imediatas do mentorado. Ao fim do ciclo, um segundo formulário mais completo avalia o impacto geral do programa.

Dessa forma, as ferramentas (calendário, chat, quadro de tarefas, formulários) são usadas no dia-a-dia para planejar (agendamento no calendário/Teams, checklists no Trello), comunicar (WhatsApp/Teams chat para dúvidas rápidas) e registrar (Forms para feedback, documentos compartilhados) o processo. Ao mesmo tempo, os modelos conceituais (GROW, OSKAR, CLEAR) ajudam o mentor a estruturar o conteúdo de cada sessão, garantindo foco em metas e ações.

Boas Práticas e Cuidados Técnicos ao Registrar Dados de Mentorados

Ao registrar informações sobre mentorados (metas, avaliações, feedbacks), é fundamental observar a confidencialidade e a segurança dos dados. Seguem algumas recomendações técnicas:

- **Minimizar Coleta de Dados**: registre apenas dados estritamente necessários à mentoria (por exemplo, contato, áreas de desenvolvimento, avaliações periódicas). Evite perguntar ou armazenar informações sensíveis sem razão direta. O princípio da *minimização* de dados (LGPD) determina que só se coletem dados relevantes ao propósito.
- **Consentimento e Transparência**: informe o mentorado quais dados serão usados e para que fim (plano, acompanhamento, certificação de participação etc.), obtendo consentimento claro. Explique quem terá acesso às informações (apenas mentor, RH, ou outros). Isso atende aos requisitos de finalidade e transparência da Lei Geral de Proteção de Dados (LGPD) do Brasil.
- **Segurança da Informação**: utilize ferramentas que ofereçam **confidencialidade, integridade e disponibilidade** dos dados. Isso inclui usar senhas fortes em sistemas (e.g. planilhas online, apps), criptografar ou proteger com login especial documentos sensíveis, e fazer backup regular das informações (por exemplo, salvar em rede corporativa ou nuvem segura). De acordo com a LGPD, devem ser adotadas medidas técnicas e administrativas para proteger dados pessoais "de acessos não autorizados e de situações acidentais ou ilícitas de destruição, perda, alteração, comunicação ou qualquer forma de tratamento inadequado". Na prática, evite enviar listas de mentorados por e-mail aberto ou anotar informações pessoais em papéis sem registro seguro. Prefira sistemas corporativos (Teams/SharePoint, Formulários protegidos) que garantam logs de acesso e auditoria.
- **Controle de Acesso**: restrinja acesso às informações do mentorado somente a pessoas autorizadas (mentor, gestor ou responsável pelo programa). Se for usada uma plataforma de mentoria online, certifique-se de que cada usuário só veja seus próprios dados ou os dados de quem lhe cabe. Se usar planilhas, defina permissões de edição/visualização adequadamente.

- **Identificação de Riscos**: mantenha registro de operações de tratamento de dados (quem faz upload de formulários, onde arquiva o PDI, etc.). Estabeleça critérios para lidar com incidentes (por exemplo, perda de arquivo). Conscientize-se de que vazamentos de dados pessoais podem gerar sanções; portanto, crie um protocolo de resposta caso ocorra um incidente (e.g. comunicar gestores e responsável de privacidade).
- **Boa Governança**: use boas práticas de *Privacy by Design*: sempre que criar um documento novo (agenda eletrônica, formulário), pense em privacidade já na concepção. Por exemplo, se gravar vídeo de sessão (Team recording), avise o mentorado e proteja o acesso a esse arquivo. Em aplicativos ou CRM corporativos (por exemplo, Power Apps customizado), inclua campos mínimos obrigatórios e garanta que as rotinas atendam à LGPD. Segundo diretrizes, dados devem ser tratados com controle, registro e segurança desde a criação dos sistemas.

Em resumo, trate as informações dos mentorados com o mesmo cuidado que dados profissionais confidenciais: registre o progresso e feedback, mas com consentimento e em sistemas seguros. Assim, você protegerá a privacidade do mentorado e seguirá as exigências legais, mantendo a confiança necessária no processo de mentoria.

Fontes: Este capítulo baseia-se em práticas recomendadas de mentoria e nas referências citadas sobre ferramentas digitais, modelos de avaliação e frameworks de coaching (por exemplo, GROW, OSKAR, CLEAR) utilizadas em programas de desenvolvimento profissional.

Exercício Prático + Kit do Mentor

Use a Tecnologia como Aliada da Conexão Humana

A tecnologia pode ampliar o alcance e a qualidade das mentorias — desde que usada com intenção e sensibilidade. O digital não substitui o humano, mas pode ser um poderoso facilitador do vínculo, da organização e da continuidade do processo.

Reflita sobre sua prática:

- Você está aproveitando o melhor das ferramentas digitais para manter a mentoria fluida e acessível?
- Como você organiza agendas, registros de sessões e trocas entre mentor e mentorado?
- Já experimentou incluir recursos como formulários anônimos de feedback ou compartilhamento de arquivos em nuvem?
- Seu mentorado sente segurança e privacidade nas ferramentas utilizadas?

O **Kit do Mentor** oferece materiais práticos que te ajudam a navegar com segurança e criatividade pelas possibilidades digitais:

- **E-book de Ferramentas Digitais** – Um guia completo com comparativo de plataformas, dicas de uso e boas práticas.
- **Guia Visual de Aplicações** – Mapas visuais que mostram o que usar em cada momento da mentoria.
- **Videoaulas Demonstrativas** – Exemplos de como configurar e aplicar ferramentas de forma eficaz, mesmo para quem não é especialista em tecnologia.

Comece hoje mesmo: revise os recursos que você já utiliza e atualize seu repertório com base nas sugestões do Kit. Pequenas mudanças podem gerar grandes impactos na fluidez e na experiência da mentoria digital.

Acesse gratuitamente em:
www.atitudeinfinita.org/kitdomentor

Resumo da Parte 10 – Ferramentas Digitais Recomendadas para Mentoria

Ponto-chave:

As ferramentas certas não substituem o mentor, mas multiplicam sua capacidade de acompanhar, organizar e transformar — com responsabilidade e empatia.

O que você aprendeu:

- Quais ferramentas usar para comunicação (ex: Teams, Zoom, WhatsApp)
- Como organizar tarefas e metas com Trello, Planner, Asana
- Modelos que facilitam o processo: Plano de Mentoria, PDI, Avaliações, Matriz de Competências
- Frameworks como GROW, OSKAR e CLEAR para guiar conversas produtivas
- Como aplicar princípios éticos e acessíveis à mentoria remota
- Estratégias seguras de armazenamento de dados conforme a LGPD

Como aplicar na prática:

- Use templates prontos (agenda, plano, feedback) para manter consistência
- Adote quadros visuais para acompanhar progresso do mentorado
- Respeite o contexto de cada mentorado: conexão estável, privacidade e limites
- Garanta segurança e consentimento ao armazenar dados sensíveis

Erros comuns a evitar:

- Usar muitas ferramentas ao mesmo tempo e confundir o mentorado
- Não preparar mentorias online com o mesmo cuidado que presenciais
- Armazenar informações sem proteção ou sem avisar o mentorado
- Ignorar necessidades de acessibilidade ou tempo de resposta

Desafio para você:

Escolha uma ferramenta digital e uma prática de ética remota para aplicar na sua próxima sessão de mentoria. Por exemplo: iniciar com combinados claros, garantir ambiente seguro, e usar formulário de feedback com acessibilidade.

Ferramentas Recomendadas do Kit do Mentor – Parte 10

Para apoiar suas sessões virtuais com segurança, organização e metodologia, acesse os recursos digitais da Parte 10 no Kit do Mentor:

Ferramenta	**Finalidade**
Templates GROW, OSKAR e CLEAR	Modelos prontos para planejar sessões com base em metodologias reconhecidas.
Agenda de Sessões em Formato Digital	Organização prática e compartilhável com o mentorado.
Modelo de Registro Ético de Dados	Boas práticas para proteger informações pessoais dos mentorados.
Guia de Boas Práticas na Mentoria Virtual	Checklist para conduzir sessões com ética, acolhimento e eficácia técnica.

Todas as ferramentas estão disponíveis gratuitamente em:
www.atitudeinfinita.org/kitdomentor

Parte 11 – Mentor como Multiplicador

> *"Antes da mentoria, eu só focava em hard skills, sem plano ou perspectiva. O Anderson me ajudou a entender que autoconfiança é tudo, que um bom LinkedIn e uma boa conversa também importam. Fui aprovado em duas entrevistas em pouco tempo. Ter um mentor é uma vantagem competitiva enorme."*
>
> *– Gustavo Alves, Analista de TI, Clube dos Funcionários da CSN*

Neste momento final, ressaltamos que relacionamento é a base da confiança. É na rede de conexões humanas que transformamos vidas e formamos novos mentores. Muitos mentores iniciaram como mentorados e hoje sentem o chamado de compartilhar aquilo que aprenderam. Outros chegam sentindo que é hora de retribuir todo o conhecimento recebido ao longo da vida. Nosso papel é ser facilitadores desse processo, criando um ambiente de confiança e colaboração, onde cada pessoa se sente à vontade para compartilhar, pedir ajuda, receber apoio e também doar. Nesse ciclo de transformação, tornamo-nos pontes uns para os outros, ativando e acelerando o crescimento mútuo.

Passos e princípios para formar mentores:

1. **Cultivar Conexões Genuínas:** Invista tempo em conhecer o mentorado como pessoa, entendendo seus sonhos, desafios e valores. Relacionamentos autênticos geram confiança, e a confiança multiplica a vontade de servir.
2. **Valorizar a Experiência Mútua:** Muitos mentores foram mentorados que observaram resultados positivos. Reconheça essa trajetória: mentores-ex-mentorees trazem empatia e exemplos reais. Incentive-os a compartilhar suas jornadas – isso inspira o próximo.
3. **Incentivar a Cultura do "Doar e Receber":** Crie um ambiente colaborativo onde todos se sentem seguros para pedir ajuda e oferecer apoio. Estimule a prática de *dar sem esperar retorno imediato*, sabendo que esse espírito de doação fortalece toda a comunidade.
4. **Agir como Facilitador:** Seu papel é disponibilizar recursos (treinamento, guias, encontros) e encorajar a participação ativa. Ofereça mentorias de apoio a quem quer ser mentor, organize encontros para troca de aprendizados, e mostre que cada um tem algo valioso a contribuir.

Nosso trabalho na Atitude Infinita: impacto social, cases e estrutura

Na **Atitude Infinita**, acreditamos no poder da mentoria para *capacitar jovens e empoderar pessoas*. Nosso impacto social já está registrado em números expressivos: **184 mentorados, 96 mentores e 280 pessoas conectadas à nossa comunidade** (dados de jan/2025). Somos uma OSC dedicada a conectar pessoas e orientar jovens em início de carreira, pois sabemos que *"as pessoas são os nossos ativos mais valiosos"*. Cada mentor da nossa rede é altamente profissional, com muitos anos de experiência e diversidade única. Essas pessoas doam seu tempo e talento em prol do aprendizado mútuo, aportando conhecimento técnico e apoio humano. Em troca, cultivam *crescimento pessoal, networking e propósito*. Essa cultura colaborativa enriquece a todos e faz bem à alma.

Nosso trabalho ganha forma em projetos concretos e inspiradores. Destacamos, por exemplo, o *"Garrafa no Mar"* (projeto Atitude Ajuda), que conecta pessoas em situação vulnerável a doadores dispostos a pagar contas atrasadas, aliviando dificuldades imediatas e criando um ciclo de solidariedade. Desenvolvemos também iniciativas internas como Atitude Lives, Atitude Jobs e Atitude Connection, que promovem encontros, palestras e networking entre mentores, mentorados e parceiros. Cada case reforça nosso propósito de criar um ecossistema de mentoria que *transforma vidas*, dando aos jovens acesso a oportunidades reais de aprendizado e inserção no mercado.

Organizamos nossa mentoria de forma estruturada. Mentores e mentorados trabalham em hubs interconectados, garantindo distribuição homogênea de informações, acompanhamento próximo e ampliação da rede interna. Há um hub único de mentores experientes e vários hubs de mentorados (até 12 participantes cada), liderados por mentores ou mentorados veteranos. Nossa metodologia segue quatro passos claros (Kick-off, Planejamento, Compromisso e Realização), apoiados por ferramentas práticas (app de mentoria, comunidades no WhatsApp, manuais) que mantém a todos conectados. Essa estrutura garante qualidade ao processo, além de preservar o DNA de aprendizagem contínua, espírito de servir e empoderamento que nos define.

Convite final: "E você, a quem vai mentorar?"

Agora é a sua vez de **responder ao chamado. Reflita: quem você quer orientar? Ser mentor** traz muitos benefícios que impactam tanto quem recebe quanto quem oferece o conhecimento. Ao mentorar, você conquista:

- **Crescimento pessoal e profissional:** Repensar os próprios aprendizados enquanto ensina reforça seu domínio sobre o assunto e desenvolve habilidades de comunicação, liderança e empatia.

- **Expansão de rede de conexões:** Você entra em contato com novos perfis de pessoas – outros mentores, jovens talentos e profissionais – ampliando sua comunidade e criando oportunidades inesperadas.
- **Satisfação e propósito:** Ver alguém superar desafios com a sua ajuda traz um sentido maior ao seu dia a dia. Contribuir para o sucesso de outro é gratificante e reforça o valor do seu trabalho na sociedade.
- **Legado duradouro:** Cada mente que você inspira carrega adiante seus ensinamentos. A transformação acontece em cadeia: hoje você forma um mentorado, amanhã esse mentorado poderá transformar a vida de mais pessoas.

Ser mentor é privilégio. É receber o convite para ser ponte na trajetória de crescimento de alguém. Aceite esse desafio com responsabilidade, foco e propósito. Cada encontro, cada orientação e cada palavra de apoio são degraus para um futuro melhor – para o seu mentorado e para você mesmo. Embarque nessa jornada e continue fazendo a diferença: quem você vai mentorar a seguir?

Exercício Prático + Kit do Mentor

Multiplique o Legado. Inspire Novos Mentores.

A verdadeira força da mentoria está no que ela inspira além da relação individual. Quando você compartilha sua experiência, convida outras pessoas a também se tornarem mentores e constrói redes de apoio e aprendizagem, está multiplicando transformação.

Reflita sobre sua atuação atual:

- Quem, em sua organização ou comunidade, poderia se beneficiar da prática da mentoria?
- Como você pode compartilhar suas experiências e incentivar outras pessoas a se tornarem mentores?
- Já pensou em liderar um grupo, núcleo ou iniciativa local voltada à formação de novos mentores?

O **Kit do Mentor** traz ferramentas que apoiam diretamente essa etapa da sua jornada:

- **Canvas de Ações de Multiplicação** – Um modelo visual para planejar e colocar em prática ações de impacto coletivo.
- **Slides de Apresentação** – Material pronto para inspirar, engajar e formar novos mentores em eventos, workshops ou conversas abertas.
- **Guia de Formação de Núcleos Locais** – Passo a passo para estruturar grupos de mentoria em sua empresa, ONG, universidade ou rede de voluntariado.

Multiplicar é um ato de generosidade e liderança. Ao compartilhar o que aprendeu, você transforma seu conhecimento em cultura, sua jornada em legado.

Todos os recursos estão disponíveis gratuitamente em:
www.atitudeinfinita.org/kitdomentor

Resumo da Parte 11 – Mentor como Multiplicador

Ponto-chave:

Mentores não apenas transformam vidas — eles inspiram outras pessoas a fazer o mesmo. Mentoria é um ciclo que se expande.

O que você aprendeu:

- Como cultivar relações de confiança que despertam o desejo de retribuir.
- Que muitos dos melhores mentores já foram mentorados.
- A importância de ambientes colaborativos onde todos se sentem à vontade para ajudar e aprender.

Como aplicar na prática:

- Compartilhe sua experiência e convide ex-mentorados a também mentorar.
- Promova conversas sobre propósito e impacto — não apenas sobre carreira.
- Crie pequenos espaços de formação: encontros, trocas, rodas de experiência com futuros mentores.

Erros comuns a evitar:

- Achar que o ciclo termina com um único mentorado.
- Reter conhecimento como se fosse exclusivo ou segredo de sucesso.
- Subestimar o impacto de gestos simples de apoio.

Desafio para você:

Escolha **uma pessoa que já mentorou** e convide-a para **ser mentora de alguém**. Dê suporte, compartilhe este livro e ajude a espalhar essa rede.

Multiplicar é o verdadeiro legado do mentor.

Ferramentas Recomendadas do Kit do Mentor – Parte 11

Para ampliar seu impacto e contribuir na formação de novos mentores, explore os materiais da Parte 11 no Kit do Mentor:

Ferramenta	Finalidade
Guia para Formação de Novos Mentores	Passo a passo para capacitar colegas ou voluntários na mentoria.
Roteiro de Apresentação da Mentoria para Novos Grupos	Material base para engajar líderes, empresas ou instituições.
Plano de Mentoria Voluntária em Comunidade	Modelo para iniciar mentorias em escolas, ONGs ou redes locais.
Checklist de Multiplicação de Impacto	Avalie o alcance do seu legado e defina próximos passos.

Todas as ferramentas estão disponíveis gratuitamente em:
www.atitudeinfinita.org/kitdomentor

Parte 12 – A Mentoria no Futuro: Tecnologia com Alma

Vivemos uma era de transformações aceleradas. A Inteligência Artificial, antes tema de ficção, hoje está em nossos bolsos, nas salas de aula, nas empresas — e nas nossas conversas mais íntimas. Os chamados **agentes de IA modernos**, como assistentes virtuais, copilotos, bots de aconselhamento e interfaces conversacionais, estão **mudando radicalmente a forma como usamos a internet, aprendemos e tomamos decisões.**

Se antes o conhecimento precisava ser buscado em livros ou guiado por alguém experiente, hoje muitos encontram na IA **respostas imediatas, estruturadas e até personalizadas**, muitas vezes mais rápidas do que com um mentor humano. E isso levanta uma questão essencial: **como o mentor continua sendo relevante em um mundo onde conselhos e direcionamentos estão a um clique — ou comando de voz — de distância?**

A nova era da mentoria instantânea

A popularização dos modelos de IA generativa criou uma nova categoria de **"conselheiros digitais"** — sistemas que sugerem caminhos, explicam conceitos complexos, constroem planos de ação e até analisam emoções com base em texto. Para muitos, esse acesso se tornou **a primeira fonte de aprendizado ou apoio** antes de buscar alguém humano.

Esse uso constante da IA traz **benefícios reais**:

- Democratização do acesso à informação de qualidade.
- Aprendizado personalizado, no ritmo de cada um.
- Acompanhamento contínuo, sem limitação de agenda.
- Redução de barreiras geográficas e sociais.

Mas também revela **riscos sérios**:

- **Confiança excessiva** em uma tecnologia que ainda comete erros e pode ser enviesada.
- **Isolamento emocional**, quando o ser humano é substituído por um sistema.
- **Falta de criticidade** diante das respostas recebidas.
- **Privacidade comprometida**, ao compartilhar vulnerabilidades com modelos sem clareza sobre o uso dos dados.
- **Desumanização da jornada de desenvolvimento**, reduzida a interações transacionais.

O que precisamos mitigar: responsabilidade e regulação

É urgente educar a sociedade para o **uso ético, consciente e crítico da Inteligência Artificial**. Isso passa por três pilares:

1. **Educação digital ampla** – para que todos saibam usar a IA como ferramenta, e não como muleta.
2. **Legislação clara e atualizada** – que proteja dados, defina limites e responsabilize o uso indevido.
3. **Códigos de conduta** – especialmente para mentores, educadores e líderes que desejam integrar a IA em sua prática sem comprometer os princípios humanos da escuta, empatia e cuidado.

A IA pode apoiar — mas **não deve substituir a complexidade emocional e relacional** que a mentoria exige.

O mentor do futuro é um curador

Em um mundo saturado de vozes, dados e respostas automatizadas, **o mentor do futuro será, acima de tudo, um curador**: alguém que ajuda o mentorado a **fazer boas perguntas**, a distinguir o ruído da verdade, a transformar informação em sabedoria. Ele usará a IA como suporte, mas não abrirá mão do que o torna único: sua presença viva, sua escuta ética, seu discernimento humano.

Esse mentor será chamado a evoluir:

- Como **facilitador** de processos com IA.
- Como **guardião de princípios humanos** diante da automação.
- Como **modelo de integridade**, ao mostrar como caminhar entre dados e afetos com equilíbrio.

O que nunca mudará

- A necessidade de vínculos reais.
- impacto de uma pergunta feita com intenção.
- A transformação que nasce do encontro humano.

A tecnologia pode iluminar caminhos. Mas **só o mentor pode caminhar ao lado.**

Ferramentas Recomendadas do Kit do Mentor – Parte 12

Ferramenta 12.1 – Diário de Mentoria com IA

Objetivo: Refletir sobre como você tem integrado a tecnologia à sua prática de mentoria, equilibrando ganhos e limites éticos.

Etapas do Diário:

1.Como estou usando tecnologia em minha prática de mentoria?
(Plataformas de agendamento, IA para conteúdo, bots, ferramentas de produtividade etc.)
2.Essa tecnologia está me ajudando a...
(Ser mais presente, acompanhar melhor, focar mais no relacional?)
3.Há riscos percebidos?
(Falta de escuta? Exposição de dados? Dependência?)
4.que posso fazer para manter o calor humano no centro da jornada?
(Ações intencionais que priorizem vínculo e empatia)
5.Ação para próxima sessão:

Ferramenta 12.2 – Código de Princípios Éticos para o Uso de IA na Mentoria

Use a IA na mentoria com base em 5 princípios essenciais:

1. **Transparência:** Sempre informe se estiver usando IA na preparação ou condução das sessões.
2. **Consentimento:** Nunca colete dados do mentorado via IA sem permissão explícita.
3. **Humildade:** Reconheça os limites da tecnologia e não delegue decisões sensíveis à IA.
4. **Humanidade:** Priorize sempre a escuta ativa, empatia e vínculo emocional.
5. **Atualização contínua:** Mantenha-se informado sobre boas práticas, riscos e oportunidades da IA na educação e desenvolvimento humano.

Epílogo – O que fica

O que permanece depois de tantas histórias, ferramentas, reflexões e encontros?

Fica a certeza de que mentoria não é técnica, modelo ou papel.

Mentoria é presença. É conexão com propósito.

É uma escuta que sustenta, uma palavra que desperta, um gesto que transforma.

Fica o aprendizado de que não há um único caminho, nem respostas prontas.

Há pessoas — com suas singularidades, sonhos, dores e potências.

E há encontros — como os que você acompanhou neste livro — capazes de ressignificar trajetórias e ampliar horizontes.

Fica o convite para que você, leitor, também assuma seu lugar como ponte:

entre gerações, entre mundos, entre possibilidades.

Que compartilhe o que sabe, se abra para aprender com o outro

e se permita ser transformado por essa troca.

E, acima de tudo, fica a esperança de que, ao cultivar relações humanas e intencionais,

estejamos todos deixando um legado.

Porque o verdadeiro legado do mentor…

é fazer o outro florescer.

Agradecimentos

Este livro nasceu da convicção profunda de que compartilhar o que aprendemos, com generosidade e propósito, é uma das formas mais poderosas de transformar vidas — inclusive a nossa.

Sou grato, antes de tudo, a Deus. Sua presença me guia com amor, me ensina por meio das pessoas e me sustenta nos momentos de dúvida e desafio. Cada passo desta jornada foi marcado por sinais, encontros e propósitos que muitas vezes escapam à razão, mas tocam a alma.

À minha família, minha base e meu porto seguro, todo o meu amor. **Natalia, Sofia e Heitor**: obrigado por me inspirarem todos os dias com o amor, a leveza e a beleza das pequenas coisas. É com vocês que redescubro, diariamente, o que realmente importa.

Aos meus grandes amigos e irmãos de caminhada, **Glauter Jannuzzi e Milton Nucci**, meu agradecimento profundo. Desde o início, vocês estiveram presentes — com incentivo, fé e generosidade. Nossa amizade é um daqueles presentes raros da vida: ilumina os dias bons e conforta nos silêncios dos dias difíceis.

Aos meus pais, fonte e alicerce da minha formação como pessoa, e à minha irmã **Taty**, a guerreira, minha eterna gratidão. Em especial ao meu pai, que plantou em mim a curiosidade pelo conhecimento e me apresentou ao universo da tecnologia. Lembro, com carinho e emoção, das suas palavras ainda na infância: **"Um dia esse garoto vai trabalhar na Microsoft."**

Você vive da leitura, vibra com a música e encanta com suas conversas. Te admiro profundamente, pai — por tudo o que é e por tudo o que me ensinou.

Aos mentores que deixaram marcas duradouras na minha trajetória: **Ronan Damasco**, mestre e amigo, que soube enxergar minha essência e despertá-la com sabedoria e afeto. **Muris Saab**, cuja inteligência generosa, escuta refinada e humanidade me inspiram a evoluir constantemente — tanto na vida quanto na liderança. **Edson Gandra e Christian Lira**, irmãos de alma, que caminham sempre ao meu lado com afeto, escuta e respeito.

Aos pastores **Miguel Albanez** e **Cristina Albanez**, que me ensinaram a força do serviço com fé, coragem e humildade. Suas lições seguem ecoando em mim e me ajudam a construir um legado com propósito.

Ao pastor **Joel Prado** e ao meu amigo e mentor **Dr. Antônio Geraldo**, minha gratidão profunda.

O pastor Joel, com sua sabedoria infinita e espiritualidade serena, tem sido meu guia espiritual — me ajudando a compreender o que realmente importa e a reconhecer, dia após dia, o quanto Deus me ama e cuida da minha vida. E o Dr. Antônio Geraldo, com sua presença constante, me orienta como mentor, conselheiro e amigo. É alguém que acredita em mim com verdade, caminha ao meu lado e me inspira a ser uma versão melhor de mim mesmo.

À comunidade **Atitude Infinita** — mentores e mentorados que inspiraram este livro com suas histórias reais e corações abertos — meu sincero reconhecimento. Vocês são a prova viva de que a mentoria transforma realidades.

E, finalmente, a você, leitor, que chegou até aqui com o desejo sincero de crescer, aprender e se conectar: que estas páginas sejam apenas o início de muitas conexões significativas e transformadoras na sua jornada como mentor.

Com gratidão e propósito,

Anderson Gobbi

Sobre o Autor

Anderson Gobbi é mentor, executivo de tecnologia e empreendedor em saúde digital. Atua há mais de 25 anos na Microsoft, onde lidera programas estratégicos globais nas áreas de segurança, conformidade regulatória e inovação com Inteligência Artificial — promovendo soluções de impacto para clientes, governos e comunidades em todo o mundo.

É cofundador da **XPDoctor**, healthtech voltada à saúde mental e ao uso de IA na prática clínica, em parceria com a Associação Brasileira de Psiquiatria. Acredita que a tecnologia deve estar a serviço da vida, da escuta e do cuidado.

Ao longo de sua trajetória, Anderson formou e acompanhou dezenas de profissionais em processos de mentoria, desenvolvendo um estilo prático, humano e profundamente inspirador. É um dos idealizadores do **Atitude Infinita**, movimento nacional que promove conexões significativas entre mentores e mentorados, transformando vidas por meio da escuta, da ação e da empatia.

Pai da **Sofia** e do **Heitor**, casado com **Natalia**, acredita que as grandes transformações começam pelas relações.

Este livro é a expressão do legado que ele constrói todos os dias — com palavras, presença e intenção.

Apêndice A – Glossário, Referências e Conceitos-Chave

Este glossário reúne os principais termos utilizados ao longo deste livro, agrupados por temas para facilitar a navegação e a consulta. Serve como referência rápida para quem deseja aprofundar sua compreensão sobre mentoria, desenvolvimento humano, diversidade, ferramentas digitais e modelos aplicados.

Acesse o Kit completo em:

www.atitudeinfinita.org/kitdomentor

Mentoria e Seus Papéis

Mentoria

Processo estruturado de desenvolvimento no qual uma pessoa mais experiente (mentor) orienta outra (mentorado) com base em objetivos, desafios e aprendizados práticos. É uma relação de confiança, escuta e crescimento mútuo.

Mentor

Pessoa com experiência e disposição para orientar, apoiar e compartilhar conhecimento com outra pessoa (mentorado), ajudando-a a alcançar seus objetivos profissionais e pessoais.

Mentorado

Pessoa que recebe orientação, apoio e aconselhamento de um mentor. O mentorado é o protagonista do seu desenvolvimento, com o mentor atuando como guia e facilitador.

Mentoria com Propósito

Abordagem que alia técnica e empatia para promover transformação pessoal e social, com foco em grupos como jovens, mulheres, comunidades periféricas e populações em vulnerabilidade.

Ferramentas, Planos e Estruturas

Plano de Mentoria

Documento inicial que descreve os objetivos do programa, cronograma de encontros, escopo e indicadores de sucesso. Serve como contrato de trabalho entre mentor e mentorado.

PDI – Plano de Desenvolvimento Individual

Ferramenta que estrutura o crescimento do mentorado em fases, com metas específicas, prazos, ações e indicadores de progresso.

Matriz de Competências

Quadro que cruza competências desejadas com o nível atual de desenvolvimento do mentorado. Facilita a definição de prioridades de aprendizado.

Habilidades Humanas e Emocionais

Soft Skills

Habilidades interpessoais e comportamentais como empatia, escuta ativa, resiliência, colaboração e comunicação eficaz. São essenciais na mentoria e no ambiente profissional.

Empatia

Habilidade de se colocar no lugar do outro, compreendendo seus sentimentos e perspectivas sem necessariamente concordar com eles.

Escuta Ativa

Capacidade de ouvir com atenção plena, sem interrupções ou julgamentos, demonstrando interesse e validando o que o outro expressa — essencial na construção do vínculo mentor–mentorado.

Inteligência Emocional

Capacidade de reconhecer, entender e gerenciar as próprias emoções e as dos outros. Ferramenta-chave para mentores e mentorados.

Vulnerabilidade

Abertura para reconhecer fragilidades, incertezas e emoções. Quando bem conduzida, fortalece a conexão e a confiança na mentoria.

Mindset de Crescimento

Crença de que habilidades podem ser desenvolvidas com esforço, aprendizado e persistência — em contraste com o "mindset fixo".

Feedback Construtivo

Retorno oferecido com empatia e foco no crescimento, visando orientar com clareza, respeito e sugestões práticas de melhoria.

Modelos, Técnicas e Estruturas de Sessões

Modelos GROW, OSKAR e CLEAR

Frameworks usados para estruturar sessões de mentoria:

- **GROW**: Goal, Reality, Options, Will – definição de metas e plano de ação.
- **OSKAR**: Outcome, Scaling, Know-how, Affirm & Action, Review – foco em soluções e progresso.
- **CLEAR**: Contracting, Listening, Exploring, Action, Review – valoriza escuta e ações concretas.

Ciclo de Mentoria

Fases do relacionamento mentor–mentorado: construção de vínculo, definição de metas, execução, reflexão e encerramento.

Espiral de Desenvolvimento

Modelo que propõe o crescimento contínuo em ciclos, onde cada volta representa um novo nível de consciência e aprendizado.

Tecnologia, Dados e Plataformas

Ferramentas Digitais de Comunicação e Gestão

Recursos como Microsoft Teams, Zoom, Google Meet, WhatsApp, Trello, Asana e Microsoft Planner são usados para reuniões, planejamento e acompanhamento de mentorias.

Power Apps

Plataforma da Microsoft para criação de aplicativos personalizados. Pode ser usada para gerenciar programas de mentoria estruturados.

LGPD – Lei Geral de Proteção de Dados

Legislação brasileira que regula o uso e a proteção de dados pessoais, inclusive em contextos de mentoria.

Diversidade, Inclusão e Neurodivergência

Neurodivergência

Termo que descreve cérebros que funcionam de forma diferente da norma "neurotípica", incluindo TDAH, TEA, dislexia, entre outras.

TEA – Transtorno do Espectro Autista

Condição caracterizada por variações no comportamento, comunicação e interação social. Exige sensibilidade e empatia do mentor.

TDAH – Transtorno de Déficit de Atenção e Hiperatividade

Afeta atenção, impulsividade e atividade. Pode impactar o aprendizado e a dinâmica da mentoria.

PCD – Pessoa com Deficiência

Indivíduos com limitações físicas, sensoriais, intelectuais ou mentais que demandam ações de inclusão e acessibilidade.

Empatia Contextual

Capacidade de compreender o outro a partir de seu contexto de vida, realidade cultural e social — essencial para mentorias inclusivas.

Aprendizagem, Autodesenvolvimento e Legado

Autoconhecimento

Capacidade de reconhecer emoções, talentos, valores e padrões próprios. É a base do crescimento pessoal e do exercício da mentoria.

Propósito

Motivação profunda que dá sentido à ação. Na mentoria, é frequentemente explorado como bússola de carreira e desenvolvimento.

Jornada do Herói

Modelo narrativo criado por Joseph Campbell que descreve a trajetória de transformação de um personagem. Usado como metáfora da jornada do mentorado.

Burnout

Síndrome de esgotamento físico e emocional relacionada ao trabalho. Pode afetar mentores e mentorados em contextos desafiadores.

Rede de Apoio

Conjunto de pessoas, grupos ou instituições que oferecem suporte emocional, social ou técnico durante a jornada de mentoria.

Comunidade de Prática

Grupo de pessoas com interesses comuns que compartilham conhecimento e aprendem juntas. São núcleos potentes de mentoria colaborativa.

Atitude Infinita

Organização social que atua com mentoria voluntária no Brasil, promovendo inclusão, desenvolvimento de jovens e formação de mentores.

Estatísticas Relevantes de Saúde Mental

- **31,6%** dos adolescentes relataram tristeza frequente durante a pandemia
- **48,7%** sentiram nervosismo ou mau humor constante
- **25,2%** apresentaram sintomas de depressão
- **20,5%** apresentaram sintomas de ansiedade
- **9,3%** da população brasileira apresenta transtornos de ansiedade
- **Prevalência de TDAH em jovens** no Brasil: ~7,6%

Fontes: fcm.unicamp.br • gov.br/saude • scielo.org • jamanetwork.com • paho.org • who.int • ufrgs.br

Referências Bibliográficas Citadas no Livro

Autores e Pensadores

1. **Nelson Mandela** – legado e impacto social
2. **Paulo Freire** – pedagogia do diálogo e liberdade
3. **Viktor Frankl** – propósito e sentido de vida
4. **Simon Sinek** – liderança com propósito
5. **Angela Duckworth** – paixão e perseverança
6. **Bill Campbell** – mentoria no Vale do Silício
7. **Oprah Winfrey & Maya Angelou** – mentoria entre mulheres
8. **Carl Rogers** – empatia e autenticidade
9. **Brené Brown** – vulnerabilidade e coragem
10. **Adam Grant** – humildade intelectual e generosidade
11. **Parker Palmer** – autenticidade no ensino
12. **bell hooks** – ensino como prática de liberdade
13. **Ken Robinson** – educação e criatividade
14. **Stephen Covey** – legado e influência positiva
15. **Carl Jung** – sombra e autoconhecimento

Modelos e Ferramentas

- **MBTI** – Indicador de Tipos de Personalidade
- **CliftonStrengths** (Gallup) – Forças pessoais

- **Ikigai** – Propósito de vida
- **Modelos GROW, OSKAR, CLEAR**

Outras Referências

- **The Daily Coach** – filosofia de Bill Campbell
- **US Dream Academy** – mentoria intergeracional
- **FIA e Mutual of Omaha** – dados sobre mentoria e saúde mental
- **Meta-análises científicas** – impactos da pandemia na saúde mental de jovens

Apêndice B – Guia Rápido: Kit do Mentor por Parte do Livro

Guia Rápido – Kit do Mentor por Parte do Livro

Acesse gratuitamente todos os recursos em:
🌐 www.atitudeinfinita.org/kitdomentor
Guia Rápido: Kit do Mentor por Parte do Livro

Resumo visual que conecta cada parte do livro com ferramentas práticas, modelos e exercícios presentes no Kit do Mentor.

Parte do Livro	Ferramentas Disponíveis no Kit do Mentor	Finalidade Principal
Parte 1 – O Chamado do Mentor	Mini-Teste de Estilos de Mentoria Planilha de Experiências Significativas Descobrindo seu Perfil de Mentorado (PDF interativo)	Identificar estilo pessoal e despertar o chamado
Parte 2 – Por Que Ser Mentor?	Linha do Tempo do Impacto Lista de Valores Essenciais Exercício de Propósito (Valores, Memórias e Legado)	Conectar propósito com ação mentora
Parte 3 – A Essência da Mentoria	Infográfico dos Níveis de Escuta Guia Prático de Escuta Empática Simulação em Áudio Exercício das Metáforas	Fortalecer escuta, vínculo e estilo de mentoria
Parte 4 – O Mentor em Construção	Mapa de Autoconhecimento Questionário de Inteligência Emocional Diário Reflexivo Painel de Inspirações	Aprofundar o autoconhecimento e a preparação
Parte 5 – Competências em Ação	Planilha de Mapeamento de Competências Plano de Desenvolvimento Contínuo Checklist de Habilidades-Chave	Desenvolver habilidades técnicas e humanas

Parte do Livro	Ferramentas Disponíveis no Kit do Mentor	Finalidade Principal
Parte 6 – A Construção da Relação de Mentoria	Modelo de Aliança de Aprendizagem Guia de Pactos Relacionais Checklist de Qualidade da Relação Roteiro de Conversa Inicial	Estabelecer vínculos de confiança e acordos claros
Parte 7 – Sessões de Mentoria	Roteiro Estruturado de Sessões Agenda do Mentor Folha de Registro Plano de Desenvolvimento do Mentorado Modelo de Personalização	Planejar e adaptar encontros de forma estratégica
Parte 8 – Feedback e Evolução	Matriz SWOT da Mentoria Formulário de Avaliação do Mentor Autoavaliação do Mentor Roteiro de Avaliação Conjunta Diário de Evolução	Avaliar progresso e encerrar ciclos com reflexão
Parte 9 – Mentoria com Propósito	Roteiro de Escuta para Diversidade Checklist de Inclusão e Acessibilidade Exercício de Reconhecimento de Vieses Carta de Compromisso Ético	Praticar empatia, ética e inclusão ativa
Parte 10 – Ferramentas Digitais	Templates GROW, OSKAR, CLEAR Agenda de Sessões Digital Modelo de Registro Ético de Dados Guia de Boas Práticas Virtuais	Conduzir mentorias com recursos digitais eficazes
Parte 11 – Mentor Multiplicador	Guia de Formação de Novos Mentores Roteiro de Apresentação da Mentoria Plano de Mentoria Voluntária Checklist de Multiplicação de Impacto	Ampliar o legado e formar novos mentores